Johanna Krzystolik-Klima

Klaus Klima

Unsere Verwandten die Engel

1. Auflage 2016

Autor: **Johanna Krzystolik-Klima** und Klaus Klima
Umschlaggestaltung: **Klaus Klima**
Umschlagfoto: **tao.de**
Lektorat: **Johanna Krzystolik-Klima**
Korrektorat: **Werner Morsch, Franz Josef Schuler**
Grafiken: **Sabine Bürg**

Printed in Germany

Verlag: J. Kamphausen Mediengruppe GmbH, Bielefeld · www.tao.de

Bibliographische Information der Deutschen Nationalbibliothek:
Die Deutsche Nationalbibliothek verzeichnet diese Publikation in der Deutschen Nationalbibliogrphie; detaillierte bibliographische Daten sind im Internet über http://dnd.d-nb.de abrufbar.

ISBN: **978-3-96051-194-6 (Paperback)**
978-3-96051-195-3 (Hardcover)
978-3-96051-196-0 (e-Book)

Inhaltsverzeichnis:

„Unsere Verwanden die Engel“

Kapitel III:

Kapitel IV:

Kapitel VI:
Was erwarten die Engel von uns?

Kapitel VII:
Engel im kabbalistischen Lebensbaum.

Einführung

Die äußere räumliche Welt ist kein Privateigentum der Menschen. Wir teilen sie mit den Naturgeistern und Engeln, die mindestens das gleiche Verfügungsrecht über die Erde besitzen und zu den Mitschöpfern der Natur gehören. Wie der *homo technicus* das ganze materielle Universum zu privatisieren beginnt, so unterwirft er auch die transzendenten Welten, die Gottheit inbegriffen, der egoistischen Ratio. Der naive, kosmische Imperialismus der entstehenden Raumfahrtindustrie geht Schritt für Schritt mit Verletzung der Normen des Zusammenlebens mit den geistigen Wesen. Es gibt Welten um uns herum, die uns seit dem Erscheinen auf dieser Welt helfen und die uns auch jetzt vor der Gefahr des Versinkens im Flugsand billigen Denkens retten wollen.

Die Entstellung der Natur durch die Ausbreitung der Zivilisation bewirkt es, dass sich ganze Völker der Naturgeister aus ihren Heimatorten in entlegene Bereiche zurückziehen. Die beginnende technische Mondinvasion stört das Leben der hoch spezialisierten Mondintelligenzen, die von Beginn unserer Evolution an, helfend und wohlwollend den Menschen zur Seite standen. Mit Traurigkeit registrieren sie die Umkehr unserer ursprünglichen Interessen für Gottnähe, in eine geistferne, primitive und von materiellen Interessen gesteuerte Eroberungsmentalität. Von unserer Gier sind sie unangenehm betroffen. Und weil die Vernunft der zivilisatorischen Macher sich kritisch nicht berichtigen will und der jetzt eingeschlagene Kurs so nicht bleiben kann, sehen sie das Ende unserer Gattung voraus. In einer fernen Zukunft soll eine Menschheit entstehen, die ihr Leben auf die geistige Sinnerfüllung des Daseins setzen wird. Die zunehmende religiöse Orientierungslosigkeit und der kriminelle Schatten, der durch üble Morde im Namen der Religion auf die Gläubigen geworfen wird, entziehen den Menschen die theologische Grundlage für die Selbstvergeistigung und Versittlichung der inneren Natur durch religiöse Rituale.

In den frei gewordenen Räumen entwickelt sich der Engelkult als letzte Verbindungsmöglichkeit mit den ausgleichenden geistigen Gewalten. Gleichzeitig entsteht jedoch in dieser Bewegung die Gefahr, dass die isolierte Engelfaszination zur Vernachlässigung der spirituellen Pflege der eigenen inneren Natur ausarten kann. Was man von den Engeln gratis bekommt, braucht aus eigener Kraft nicht erwirkt werden. Mit dem Bewusstsein zu leben, dass der Alltag von den Engeln flankiert ist, erspart die gewöhnliche Askese, die regelmäßige Meditation und so manchen unbequemen Verzicht.

Die Engelbücher der letzten Jahrzehnte, besonders aus dem anglo-amerikanischen Raum, erwecken den Eindruck, als ob die Engel zur Befriedigung weltlicher Wünsche existieren würden. Auch hier scheint die übersinnliche Welt in den Farben einer Konsumbrille zu glitzern. Die Last des egozentrischen Verstandes behindert die Wahrnehmung des Herzens. Mit dem Puls des göttlichen Lebens werden wir jedoch alleine im Herzen verbunden. Wer die Engel nach eigenen Bedürfnissen verfälscht, kennt seine wahre Natur nicht mehr. Das Studium der Engelwelten und die Gespräche mit den Vorstehern der Engel haben mir die Tiefe und die Komplexität der Beziehungen zwischen den Menschen und den Engeln vor Augen geführt. Meine Erfahrungen gebe ich mit der Hoffnung weiter, dass in der Zukunft ein harmonisches Miteinander zwischen Engeln und Menschen auf Augenhöhe zu Wirklichkeit wird.

Kapitel I Engel im Alten und Neuen Testament

Menschen aller religiösen Gemeinschaften glauben an Mittler zwischen Menschen und Gott (oder Göttern) zwischen Himmel und Erde, an die Beschützer der Helden und einfacher Menschen. Von der Geburt eines Menschen bis zu seinem Tod und der Übersiedlung in die astrale Heimat, sollen sie jeden begleiten, unabhängig von seinem Glauben, von seinem ethischen Niveau und seinen Absichten. Und so wird noch heute geglaubt. Anderseits sind sie, vor allem in den jüdisch-christlichen Schriften, „Boten" (Angelos), die von Gott Botschaften an die Menschen bringen. Darüber hinaus waren, von den Anfängen der Menschheit, Naturgeister bekannt – Geister – die den vier Elementen zugehören und für die Natur verantwortlich sind. Zu der dritten Kategorie der Geistwesen gehören die Dämonen – negative Engel, Verursacher des Bösen auf der Welt.

In der Populärliteratur wird auch der hinduistische Begriff „Devas" für die Engelbezeichnung benutzt, obwohl er in seiner strikten Bedeutung von den Gottheiten nicht zu trennen ist. Kulturgeschichtlich waren es Babylonier und Assyrer, die ihren Göttern geflügelte Dienstwesen zugeschrieben haben. Diese Wesen waren Boten und Herolde der Götter. Die Botschaften von Göttern brachten sie an die Menschen, vornehmlich an die Könige. Auch die persönlichen Schutzengel waren bekannt und verehrt. Vor allem beschützten sie die Menschen vor Dämonen. Die Religionsforscher sehen in diesem Kulturraum den Beginn der Engelvorstellungen im Judentum und bei den Christen.

Im Hinduismus ist die Welt von unüberschaubaren Mengen dämonischer Wesen, von Engeln, Geistern der Elemente und Ungeheuern, überfüllt. Dem gleichen Prunk begegnen wir in Tibet, Burma, Pakistan und Indonesien. In diesen Ländern sind oft die übelwollenden Geister in der Mehrzahl. Alleine die vorgestellte und geglaubte Existenz dieser Wesen, hat eine großen Einfluss auf die Menschen, auf ihr Wollen und Handeln und damit auf die äußeren Ereignisse des täglichen Lebens.

In der antiken Kultur der Griechen, bezeichnet der Begriff „Angelos" (Bote) Gottheiten, die in Beziehung zu Verstorbenen standen: zum *Hermes* als Führer der Seelen, zu *Hekate* als Herrin der Unterwelt, zu *Artemis* als Todesgöttin und zum *Zeus* selber – dem „guten Boten". Auch die übrigen Götter werden oft von Zeus als Boten zu den Helden geschickt, um sie zu beschützen oder zu warnen.

Der islamische Glaube an die Engel wurde stark von der jüdischen und christlichen Tradition beeinflusst. Um des Allahs Thron sitzen ranghohe Engel und bitten um Sündenvergebung für die Menschen.

a) Der Engelglaube im Alten Testament

1. *„Gott, der Herr schickte ihn (Adam) aus dem Garten von Eden weg, damit er den Ackerboden bestelle, von dem er genommen war. Er vertrieb den Menschen und stellte östlich des Gartens von Eden die Cherubim auf und das lodernde Flammenschwert, damit sie den Weg zum Baum des Lebens bewachten".*

Der Name Cherubin ist eine Entlehnung aus der babylonischen Mythologie. Gott handelt hier noch alleine, ohne einen Boten. (Genesis 3, 23 – 24)

2. „*Der Engel des Herrn fand Hagar an einer Quelle in der Wüste, an der Quelle auf dem Weg nach Schur. Er sprach: „Hagar, Magd Sarais, woher kommst du und wohin gehst du?" Sie antwortete: „Ich bin meiner Herrin Sarai davongelaufen." Da sprach der Engel des Herrn zu ihr: „Geh zurück zu deiner Herrin und ertrag ihre harte Behandlung"! Der Engel des Herrn sprach zu ihr: „Deine Nachkommen will ich so zahlreich machen, dass man sie nicht zählen kann. Weiter sprach der Engel des Herrn zu ihr: Du bist schwanger, du wirst einen Sohn gebären und ihn Ismael (Gott hört) nennen; denn der Herr hat auf dich gehört in deinem Leid.*"
(Genesis 16, 7-11)

Hagar war eine ägyptische Magd von Sarai, der Ehefrau von Abraham. Als Abraham sechsundachtzig Jahre alt geworden war und der von Gott versprochene Sohn ihm noch nicht geboren wurde, hat Sarai ihre Magd Hagar Abraham angeboten. Eine unfruchtbare Frau konnte, nach mesopotamischem Recht, ihrem Mann eine Magd zur Frau geben und Kinder aus dieser Verbindung als die ihren anerkennen lassen. Die Nachkommen von Ismael sind die Araber. Der namenlose Engel ist hier ein ideales Beispiel für einen Boten, der von Gott an Hagar geschickt wurde.

3. „*Als Abraham hundert Jahre alt geworden war, wurde er von drei Männern besucht. Er wusste es nicht, dass einer von ihnen Gott Jahweh war und die zwei anderen – seine Engel. Sie fragten ihn: Wo ist deine Frau Sara? Dort im Zelt, sagte er. Da sprach der Herr: In einem Jahr komme ich wieder zu dir, dann wird deine Frau Sara einen Sohn haben.*" (Genesis 18, 9-10)

Hier bringt Gott persönlich seine Botschaft, ohne den Engel Gabriel beauftragt zu haben.

4. Abraham hat direkt, ohne einen Boten von Gott, den Befehl bekommen, seinen Sohn Isaak als Brandopfer Jahweh zu bringen. Als sich Abraham nach allen Vorbereitungen anschickte, seinen Sohn zu töten, vernahm er die Stimme eines Engels: *„Schon streckte Abraham seine Hand aus und nahm das Messer, um seinen Sohn zu schlachten. Da rief ihm der Engel des Herrn vom Himmel her zu: Abraham! Abraham! Er antwortete: Hier bin ich: Jener sprach: Strecke deine Hand nicht gegen den Knaben aus und tu ihm nichts zuleide! Denn jetzt weiß ich, dass du Gott fürchtest; du hast mir deinen einzigen Sohn nicht vorenthalten:"* (Genesis 22, 10-12)

5. Im Buch der Richter kündigt ein Engel die Geburt eines Volkshelden an – den Simson: *„Der Engel des Herrn erschien der Frau (von Manoach) und sagte zu ihr: Gewiss, du bist unfruchtbar und hast keine Kinder; aber du sollst schwanger werden und einen Sohn gebären... Es darf kein Schermesser an seine Haare kommen; denn der Knabe wird von Geburt an ein gottgeweihter Nasiräer sein. Er wird damit beginnen, Israel aus der Gewalt der Philister zu befreien."* (Richter 13, 3-5)

6. Als Elia wegen einer Todesdrohung in Angst geriet, hatte er sich in die Wüste begeben, legte sich unter einen Strauch hin und wollte sterben. *„Er sagte: Nun ist es genug, Herr, Nimm mein Leben; denn ich bin nicht besser, als meine Väter. Dann legte er sich unter den Ginsterstrauch und schlief ein... Der Engel des Herrn kam... rührte ihn an und sprach: Steh auf und iss, sonst ist der*

Weg zu weit für dich. Da stand er auf, aß und trank und wanderte durch diese Speise gestärkt vierzig Tage und vierzig Nächte bis zum Gottesberg Horeb.“
(1. Könige 19, 4-8)
7. Jesajas schildert seine Begegnung mit dem Herrn und wie er seine Weihe erhielt: *„Serafim standen über ihm. Jeder hatte sechs Flügel: Mit zwei Flügeln bedeckten sie ihr Gesicht, mit zwei bedeckten sie ihre Füße und mit zwei flogen sie. Sie riefen einander zu: Heilig, heilig, heilig ist der Herr der Heere. Von seiner Herrlichkeit ist die ganze Erde erfüllt... Da sagte ich: Weh mir, ich bin verloren. Denn ich bin ein Mann mit unreinen Lippen und meine Augen haben den König, den Herren der Heere gesehen. Da flog einer der Serafim zu mir; er trug in seiner Hand eine glühende Kohle, die er mit einer Zange vom Altar genommen hatte. Er berührte damit meinen Mund und sagte: Das hier hat deine Lippen berührt. Deine Schuld ist getilgt, deine Sünde gesühnt.“*
(Jesaja 6, 2-7)
8. König *Nebukadnezzar* ließ ein goldenes Standbild machen und zur Enthüllung seines Bildes war die Prominenz des Landes eingeladen. Darunter waren auch drei Juden: *Schadrach*; *Meschah* und *Abed-Negro*, die hohe Ämter in der Provinz Babel bekleideten. Alle Anwesenden sollten auf das Signal der Musikinstrumente sich vor dem Standbild niederwerfen, um dem König wie einem Gott zu huldigen. Wer es nicht tun würde, sollte noch am gleichen Tag im Feuerofen sterben. Die drei jüdischen Beamten huldigten dem König nicht und wurden in den brennenden Ofen hineingeworfen: *„Aber der Engel des Herrn war zusammen mit Asarja und seinen Gefährten in den Ofen hinabgestiegen. Er trieb die Flammen des*

Feuers aus dem Ofen hinaus und machte das Innere des Ofens so, als wehte ein taufrischer Wind. Das Feuer berührte sie gar nicht, es tat ihnen nichts zu leide und belästigte sie nicht.“ (Daniel 3, 49-50)

Im Buch *Daniel* werden noch die Engel Gabriel und Michael zitiert, die dem Daniel seine Visionen zu erschließen helfen.

9. Im Buche *Tobit* wird schließlich der Erzengel Rafael zum Tobit geschickt, der ihn in seinen irdischen Schwierigkeiten, wie ein guter Freund behilflich ist.

10. In den Jahrhunderten um die Zeitwende entstanden im hebräischen Kulturraum die sogenannten „*Apokryfen*“ (verborgene Schriften), die zu den kanonischen Büchern nicht aufgenommen wurden, aber bei den Volksmassen erfreuten sie sich großer Beliebtheit. Sie wurden auch von den Christen eifrig gelesen und haben großen Einfluss auf die Frömmigkeit der jungen Gemeinden ausgeübt. Für das Thema Engel zählt vor allem das Äthiopische Henochbuch.

Im „*Jubiläenbuch*“ – auch eine apokryfische Schrift – wird Henoch als Enkel von Adam vorgestellt und Sohn von Kain: „*Kain nahm seine Schwester Awan zum Weib und sie gebar ihm den Henoch... Kain baute eine Stadt, die er nach seinem Sohn Henoch benannte.*“ (4,9) Im gleichen Kapitel wird über Henoch zum zweitenmal berichtet: „*Jared heiratete die Barbara, die Tochter Masujaels und seiner Vaterschwester, und gebar ihm einen Sohn und nannte ihn Henoch. Dieser ist von den erdgeborenen Menschenkindern der erste, der Schrift, Wissenschaft und Weisheit lehrte und die Himmelszeichen nach der Ordnung ihrer Monate in ein Buch schrieb... Er war bei den Engeln Gottes sechs*

Jahrjubiläen und sie zeigten ihm alles auf Erden und im Himmel, die Herrschaft der Sonne und er schrieb alles auf.“ (4, 16 – 21)

Das *Henoch* Buch ist nicht einheitlich. Die ältesten Teile dürften aus den Jahren 167 v. Chr. sein und die jüngsten aus der Zeit von 64 v. Chr. Der größte Teil jedoch beweist den essenischen Ursprung. Das „Engelbuch“ – die Kapitel 6 – 36 „bildet“ den ersten Teil des Buches: „Als sich die Menschenkinder vermehrten, wurden ihnen damals schöne und liebliche Töchter geboren. Als die Engel, die Himmelsöhne, sie erblickten, gelüstete es sie nach ihnen und sie sprachen zueinander: „*Wir wollen uns Weiber aus den Menschenkindern wählen und uns Kinder erzeugen!*“ Die Frauen wurden schwanger und „*gebaren Riesen, die 3000 Ellen groß waren.*“ Die Riesen verzehrten alle Vorräte und fraßen die Menschen auf. „*So herrschte viel Gottlosigkeit; sie trieben Unzucht, gerieten auf Abwege und waren auf allen ihren Pfaden verdorben... Das schauten Michael, Raphael und Gabriel vom Himmel nieder und sahen das viele Blut, das auf Erden vergossen ward. Da ergriff der Höchste das Wort... und zu Raphael sprach der Herr: Bind den Arazel (den Anführer) an Händen und Füßen und wirf ihn in die Finsternis! Mach in der Wüste von Dadael ein Loch und wirf ihn hinein! ... Lass ihn dort für immer wohnen und bedeck sein Antlitz, dass er kein Licht schaue! Am Tag des großen Gerichtes soll er in den Feuerpfuhl geworfen werden! ... Und zu Gabriel sprach der Herr: Zieh gegen die Bastarde, die Verworfenen und die Hurenkinder und die Kinder der Wächter aus der Menschenmitte! Lass sie gegeneinander los, dass sie sich untereinander im Kampf vernichten! Denn ein langes Leben soll ihnen nicht zuteil werden... Zu Michael sprach der Herr: ... Wenn sich ihre Söhne gegenseitig erschlagen und wenn die Väter den Untergang ihrer geliebten Söhne geschaut haben, dann bind sie für siebzig Geschlechter in die Täler der Erde bis zu ihrem Gerichtstag und zwar bis zum Vollzug des ewi-gen Gerichts*".

Die Himmelssöhne baten nun Henoch, den gerechten Schreiber, eine Bittschrift an Gott zu verfassen, um Barmherzigkeit zu erwirken. Die Schrift blieb wirkungslos und der Groll Gottes hat sich nicht gelegt.

In den weiteren Kapiteln des Buches wanderte Henoch in Begleitung hoher Engel über die ganze Erde und entdeckte wundersame Dinge: „*In einem Abgrund sah ich sieben Sterne, wie große brennende Berge. Als ich mich danach erkundigte, sagte der Engel: dies ist der Ort, wo Himmel und Erde zu Ende sind: Dies ist ein Gefängnis für die Sterne und für das Himelsheer.*"

Die Sterne wurden von Gott bestraft, weil sie Gottes Befehle übertraten. Die Schreiber des Henochbuches waren noch zu Beginn unserer Zeitrechnung überzeugt, dass die Sterne Engel sind und sich Gott verweigern können. Zum Schicksal der erschlagenen Riesen steht noch im Henochbuch: „*Die Geister der erschlagenen Riesen – die Dämonen – sind auf der Erde bis zum Erdgericht geblieben und treiben weiter, durch die Menschen – ihr Unwesen.*"

Henoch zählt weiter verschiedene Engelvölker auf, die wir eigentlich zu den Naturgeistern zählen. So soll es beispielsweise Engel des Feuergeistes, des Windgeistes, des Geistes der Wolken, der Finsternis, des Hagels, der Hitze und Kälte, der Jahreszeiten, des Morgens und Abends, der Morgenröte usw. geben. Am ersten Tag der

Schöpfung sollte Gott die Engel ins Leben gerufen haben. Das *Buch Henoch* gehört nicht zum Alten Testament. Es widerspiegelt lediglich den Volksglauben der Hebräer.

11. Dagegen sind die *Psalmen* ein Werk der Offenbarung. Wir finden darin auch klare Aussagen über die Engel. So z. B. im Psalm 103:

„Der Herr hat seinen Thron errichtet im Himmel.
Seine königliche Macht beherrscht das All.
Lobt den Herr, ihr seine Engel, ihr
starken Helden, die seine Befehle vollstrecken,
Seinen Worten gehorsam!
Lobt den Herrn all seine Scharen,
Seine Diener, die seinen Willen vollziehen.“ (19 – 22)

Bekannt als ein klarer biblischer Nachweis für die Existenz der Schutzengel ist der Psalm 91:

„Dir begegnet kein Unheil
keine Plage wird nahen deinem Zelt
denn er befiehlt seinen Engeln, dich
zu behüten auf all deinen Wegen.
Sie tragen dich auf ihren Händen,
damit dein Fuß nicht auf einen Stein stößt.“ (10 – 12)

Mehrere Psalmen nennen Gott den *„Herrn aller Heerscharen“* und im Buch *Joshua* erscheint ein Engel als Mensch und stellt sich vor: *„Ich bin ein Fürst über das Heer des Herren.“ Die himmlischen Heerscharen sind Vermittler seines Waltens, Verkünder seiner Herrlichkeit. Sie rühmen die Ehre des Ewigen.“* (Ps. 19)

Die Engel der jüdischen Tradition sind Repräsentanten von Jahwe, bilden seinen Hofstaat, sind seine Boten und sein Gefolge. Sie dienen der Offenbarung seiner Macht. Die Juden der griechischen Diaspora wussten auch von

Dämonen und Geistern der Verstorbenen, aber auch von der Anrufungsmagie und der auf Engel bezogenen Astrologie. Eine theologisch selbstständige Engellehre hat das Judentum jedoch nicht hervorgebracht.

b) Die Engel im Neuen Testament.

Die zahlreichen Engelerscheinungen im Neuen Testament, die wir in einer chronologischen Ordnung darstellen wollen, sind innig mit christlichem Glauben verbunden und Jahrhunderte lang inspirierten sie die abendländische Philosophie, Theologie, Kunst und Dichtung.

Als erster beschreibt *Lukas* eine Engelankunft bei dem Priester Zacharias:

1. „*Da erschien dem Zacharias ein Engel des Herrn; er stand auf der rechten Seite des Rauchopferaltars. Als Zacharias ihn sah, erschrak er, und es befiel ihn Furcht. Der Engel aber sagte zu ihm: Fürchte dich nicht Zacharias! Dein Gebet ist erhört worden. Deine Frau Elisabeth wird dir einen Sohn gebären: Dem sollst du den Namen Johannes geben.*" Zacharias war trotz der ungewöhnlichen Umstände skeptisch und berief sich auf das Alter seiner Frau und auf die eigenen fortgeschrittenen Jahre. Da stellte sich der Engel vor: „*Ich bin Gabriel, der vor Gott steht und ich bin gesandt worden, um mit dir zu reden und dir diese frohe Botschaft zu bringen.*" Die „frohe Botschaft" hat mindestens zwei Bedeutungen. Sie leitet die Neue Zeit auf Erden ein und andererseits das Ende des Leidens für Zacharias selbst und für seine Frau. Unfruchtbarkeit galt bei den Juden als Strafe Gottes und als Schande. Zacharias durfte aus diesem Grunde nicht über das Volk den Segen als Priester sprechen.

2. „*Im sechsten Monat wurde der Engel Gabriel von Gott in eine Stadt in Galiläa, namens Nazaret zu einer Jungfrau gesandt... und sagte: Sei gegrüßt du Begnadete, der Herr ist mit dir. Sie erschrak über die Anrede und überlegte, was dieser Gruß zu bedeuten habe. Da sagte der Engel zu ihr. Fürchte dich nicht, Maria; denn du hast bei Gott Gnade gefunden. Du wirst ein Kind empfangen, einen Sohn wirst du gebären, dem sollst du den Namen Jesus geben. Maria sagte zu dem Engel: wie soll das geschehen, da ich keinen Mann erkenne? Der Engel antwortete: Der Heilige Geist wird über dich kommen und die Kraft des Höchsten wird dich überschatten.*“ *(Luk. 28 – 35)*
3. Die nächste Engelerscheinung galt den Hirten bei der Nachtwache ihrer Herden. Ein Engel verkündete ihnen die Geburt des Messias in Betlehem. (Luk. 2, 8 – 11)
4. Josef, der mit Maria verlobt war und erkannt hat, dass seine Verlobte schwanger war, beschloss sie zu verlassen. „*Während er noch darüber nachdachte, erschien ihm ein Engel des Herren im Traum und sagte: Josef, Sohn Davids, fürchte dich nicht, Maria als deine Frau zu nehmen, denn das Kind, das sie erwartet, ist vom Heiligen Geist. Sie wird einen Sohn gebären. Ihm sollst du den Namen Jesus geben, denn er wird sein Volk von seinen Sünden erlösen.*“ (Mat. 2, 20 – 21)
5. Die nächsten zwei Engelerscheinungen galten auch noch dem Josef und betrafen Jesus: „*Als die Sterndeuter wieder gegangen waren, erschien dem Josef im Traum ein Engel des Herren und sagte: Steh auf, nimm das Kind und seine Mutter und fliehe nach Ägypten. Dort bleibe, bis ich dir etwas anderes auftrage, denn Herodes wird das Kind suchen, um es zu töten.*“ (Mat. 2, 13)

6. Die letzte Traumvision eines Engels brachte die Botschaft von der Rückkehr in die Heimat: „*Als Herodes gestorben war, erschien dem Josef in Ägypten ein Engel des Herren im Traum und sagte: Steh auf, nimm das Kind und seine Mutter und zieh in das Land Israel, denn die Leute, die dem Kind nach dem Leben getrachtet haben, sind tot.*"
(Mat. 2, 19 – 20)
7. Als Jesus vierzig Tage und Nächte in der Wüste gefastet hatte, erschien ihm ein Teufel: „*Wenn du Gottes Sohn bist, so befiehl, dass aus diesem Stein Brot wird. Er aber antwortete: In der Schrift heißt es: Der Mensch lebt nicht nur von Brot, sondern von jedem Wort, das aus Gottes Mund kommt... Bei der nächsten Versuchung nahm der Teufel Jesus nach Jerusalem, stellte ihn auf den Tempel und sagte: „Wenn du Sohn Gottes bist, so stürz dich hinab... Jesus antwortete ihm: In der Schrift heißt es auch: Du sollst den Herren, deinen Gott nicht auf die Probe stellen. Danach nahm ihn der Teufel auf einen hohen Berg und zeigte ihm die Pracht und die Schönheit der Welt und sagte: „Das alles will ich dir geben, wenn du dich vor mir niederwirfst und mich anbetest. Da sagte Jesus zu ihm: Weg mit dir Satan! Denn in der Schrift steht: vor dem Herren, deinem Gott, sollst du dich niederwerfen und ihm alleine dienen. Darauf ließ der Teufel von ihm ab und es kamen Engel und dienten ihm*".
(Mat. 4, 1 – 11)
8. Bei der Erklärung seines Gleichnisses vom Unkraut auf dem Acker, schildert Jesus die Rolle seiner Engel am Jüngsten Gericht: „*Der Menschensohn wird seine Engel aussenden, und sie werden aus seinem Reich alle*

zusammenholen, die andere verführt und Gottes Gesetz übertreten haben und werden sie in den Ofen werfen, in dem das Feuer brennt. Dort werden sie heulen und mit den Zähnen knirschen." (Mat. 13, 41 – 42)

9. Zum gleichen Thema sagt noch Jesus: „*Menschensohn wird mit seinen Engeln in der Hochheit seines Vaters kommen und jedem Menschen vergelten, wie es seine Taten verdienen.*" (Mat. 16, 27)

10. Die Lehre von Schutzengeln, besonders bei Kindern, bestätigt Jesus: „*Hütet euch davor, einen von diesen Kleinen zu verachten! Denn ich sage euch: Ihre Engel im Himmel sehen stets das Angesicht meines himmlischen Vaters.* " (Mat. 18, 10)

11. Nach dem Sabbat, des ersten Tages der Woche, kamen die Frauen Maria Magdalena und die andere Maria, um das Grab von Jesus zu besichtigen: „*Plötzlich entstand ein gewaltiges Erdbeben: denn ein Engel des Herren kam vom Himmel herab, trat an das Grab, wälzte den Stein weg und setzte sich drauf. Seine Gestalt leuchtete wie ein Blitz und sein Gewand war weiß wie Schnee. Die Wächter begannen vor Angst zu zittern und fielen wie tot zu Boden. Der Engel aber sagte zu den Frauen: Fürchtet euch nicht! Ich weiß, ihr sucht Jesus den Gekreuzigten. Er ist nicht hier; denn er ist auferstanden, wie er gesagt hat*" (Mat. 28, 2 – 6)

12. Im Gleichnis über die verlorene Drachme, die jedoch wiedergefunden wurde und damit Freude ausgelöst hat, schildert Jesus die Freude der Engel im Himmel, wenn sich ein Sünder bekehrt hat: „*Ich sage euch: Ebenso wird auch im Himmel mehr Freude herrschen über einen einzigen Sünder der umkehrt, als über neunundneunzig Gerechte, die es nicht nötig haben umzukehren.* "
(Luk. 14, 10)

13. In der Erzählung über den reichen Prasser und den armen Lazarus, schildert Jesus die Folgen des irdischen Verhaltens für das Schicksal der Seele nach dem Tode: *„Als nun der Arme (Lazarus) starb, wurde er von den Engeln in Abrahams Schoss getragen. Auch der Reiche starb und wurde begraben. In der Unterwelt, wo er qualvolle Schmerzen litt, blickte er auf und sah von weitem Abraham und Lazarus in seinem Schoss."*
(Luk. 16, 22 – 23)
14. Die *Apostelgeschichte* erzählt von der Himmelfahrt Jesu im Beisein der Apostel und anderer Zeugen: *„Als er das gesagt hatte, wurde er vor ihren Augen emporgehoben und eine Wolke nahm ihn auf und entzog ihn ihren Blicken. Während sie unverwandt ihm nach zum Himmel schauten, standen plötzlich zwei Männer in weißen Gewändern bei ihnen und sagten: Ihr Männer von Galiläa, was steht ihr da und schaut zum Himmel empor? Dieser Jesus, der vor euch ging und in den Himmel aufgenommen wurde, wird ebenso wiederkommen, wie ihr ihn habt zum Himmel hingehen sehen."* (Apostelgesch. 1, 9 – 12)
15. Die Apostelgeschichte beschreibt auch Wohltaten der Engel. Bestätigung der Fürsorge des Auferstandenen für seine Nachfolger: *„In der Nacht, ehe Herodes ihn vorführen lassen wollte, schlief Petrus mit zwei Ketten gefesselt, zwischen zwei Soldaten. Vor der Tür aber bewachten die Posten den Kerker. Plötzlich trat ein Engel des Herren ein, und ein helles Licht erstrahlte in den Raum. Er stieß Petrus in die Seite, weckte ihn und sagte: Schnell, steh auf! Da fielen die Ketten von seinen Händen. Der Engel aber sagte zu ihm: Gürte dich und zieh deine Sandalen an! Er tat es. Und der Engel sagte zu ihm: Wirf deinen Mantel um und folge mir! Dann ging er*

hinaus und Petrus folgte ihm, ohne zu wissen, dass es Wirklichkeit war, was durch den Engel geschah; es kam ihm vor, als habe er eine Vision. Sie gingen an der ersten und zweiten Wache vorbei und kamen an das eiserne Tor, das in die Stadt führt. Es öffnete sich ihnen von selbst. Sie traten hinaus und gingen eine Gasse weiter und auf einmal verließ ihn der Engel.“ (Apostelgesch. 12, 6 – 12)

16. Auch in der folgenden Geschichte erscheint „ein Engel des Herren“, der im Dienst von Jesus steht. Er bringt dem Apostel Philippus eine Botschaft von Jesus: „*Steht auf und zieh nach Süden auf der Strasse, die von Jerusalem nach Gaza hinführt.*“ (Apostelgesch. 8, 26)

Philippus verkündete in allen Städten, bis nach Cesaräa, das Evangelium.

17. Weil ein Konflikt zwischen den Einwohnern von Tyrus und Sidon und dem König ausgebrochen war, kam Herodes, um zu schlichten. Am festgesetzten Tag nahm Herodes im Königsgewand auf der Tribüne Platz und hielt vor ihnen eine feierliche Rede. Das Volk aber schrie: Die Stimme eines Gottes, nicht eines Menschen! Im selben Augenblick schlug ihn ein Engel des Herren, weil er nicht Gott die Ehre gegeben hatte. Und von Würmern zerfressen, starb er.
(Apostelgesch. 12, 21 – 23)

18. Als Paulus verhaftet wurde und von Soldaten übers Meer nach Rom transportiert war, brach ein Orkan aus und das Schiff drohte zu sinken. Die Häftlinge, Soldaten und Matrosen bangten um ihr Leben. Petrus wandte sich an alle am Schiff – es waren um die zweihundert Menschen – und sagte: „*Niemand von euch wird das Leben verlieren, nur das Schiff wird untergehen. Denn in dieser Nacht ist ein Engel des Gottes, dem ich gehöre und dem*

ich diene zu mir gekommen und hat gesagt: Fürchte dich nicht Paulus! Du musst vor den Kaiser treten. Und Gott. Und Gott hat dir alle geschenkt, die mit dir fahren.“ (Apostelgesch. 27, 23 – 24)

19. In der „*Offenbarung*“ äußert sich Johannes über die Zahl der Engel: „*Ich sah und ich hörte die Stimme von vielen Engeln rings um den Thron und um die Lebewesen und die Ältesten. Die Zahl der Engel war zehntausend mal zehntausend und tausend mal tausend.*“
(Offenb. 5, 11)

20. Im Brief an die Hebräer schrieb *Paulus* an die bekehrten Juden: „*Ihr seid vielmehr zum Berg Zion hingetreten, zur Stadt des lebendigen Gottes, zum himmlischen Jerusalem, zu tausenden von Engeln, zu einer festlichen Versammlung.“* (Hebr. 12, 22 – 23)

21. Die Engel sind nach Paulus „dienende Geister“: „*Sind sie nicht alle nur dienende Geister, ausgesandt, um denen zu helfen, die das Heil erben wollen“?*
(Hebr. 1, 14)

22. In Christus wurden die Engel erschaffen: „*Denn in ihm wurde alles erschaffen im Himmel und auf Erden, das sichtbare und das unsichtbare, Throne und Herrschaften, Mächte und Gewalten; alles ist durch ihn auf ihn hin geschaffen.“* (Kol. 1, 16)

23. Durch seinen Tod hat Christus die Engel mit Gott versöhnt: „*Denn Gott wollte mit seiner ganzen Fülle in ihm wohnen, um durch ihn alles zu versöhnen. Alles im Himmel und auf Erden wollte er zu Christus führen, der Frieden gestiftet hat am Kreuz durch sein Blut.“*
(Kol 1, 19 – 20)

24. Paulus warnt vor der Macht der bösen Engel, gegen die ein Christ kämpft: „*Denn wir haben nicht gegen*

Menschen aus Fleisch und Blut zu kämpfen, sondern gegen die Fürsten und Gewalten, gegen die Beherrscher dieser finsteren Welt, gegen die bösen Geister des himmlischen Bereichs." (Ephes. 6, 12)
25. Über Teufel und seine Engel schrieb auch *Matthäus* (25, 41): *„Dann wird er sich auch an die an der linken Seite wenden und zu ihnen sagen: Weg von mir, ihr Verfluchten, in das ewige Feuer, das für den Teufel und seine Engel bestimmt ist."*

c) Geschichte des Engelkultes

In der neutestamentlichen Sicht der Engel finden wir wesentliche Aspekte der spätjüdischen Volkstradition, die in Apokryphen verbalisiert war. Auch die kanonische Engelsicht des Alten Testaments wurde exakt übernommen: Engel sind himmlische Boten, erscheinen dem Menschen im Traum oder im Wachzustand, in Gestalt junger Männer, in weißen, leuchtenden Gewändern. Es sind Geister, hierarchisch organisiert und bilden die Heerscharen Gottes. Den christlichen Aspekt brachte Paulus mit seiner Äußerung, dass alle Engel von Christus, von seiner Inkarnation, erschaffen wurden und dass er als Sohn Gottes, allen Engelwesen vorsteht. Das Neue Testament nennt neben den Engeln Gottes auch „Engel des Teufels" die „Geister der Bosheit". Nur zwei Engelnamen werden genannt – Gabriel und Michael.

Ein Engelkult ist nicht zugelassen. In der weiteren Entwicklung nahmen die Christen mehr und mehr jüdische, außerbiblische Engelvorstellungen an. Auch Anschauungen über Naturgeister und über Wesen der Elemente flossen in die Lehre ein. Die Berufstheologen stehen heute der überlieferten Engellehre eher distanziert gegenüber, besonders seit der Korrektur der Person von *Dionisios Areopagita.* Nach der Apostelgeschichte (17, 34) war Dionisios Mitglied des Areopags und wurde von Paulus bekehrt. Er war der erste Bischof von Athen. Er hätte das Werk „*Über die himmlische Hierarchie*" geschrieben. Bis ins zwanzigste Jahrhundert galt das Werk Mystikern, Heiligen und der theologischen Elite als hochheilig. Dieses Werk ist jedoch erst im fünften Jahrhundert verfasst worden und ausgerechnet von einem heidnischen, neoplatonischen Philosophen.

Die Kirchenväter betonten die Überlegenheit der Engel über den Menschen. Sie würden auf einer geistig höheren Seinsebene leben, wären auch moralisch besser, könnten treffsicherer und schneller denken und auf allen Gebieten des Handelns uns Menschen haushoch übertreffen. Das Motiv ihres Handelns, aber auch ihre Kraftquelle, sollte die selbstlose Liebe sein. In der Geschichte der Völker und selbst des Christentums sehen wir weniger Engelspuren und eher ein Inferno von grausamen Morden, Raubzügen, Naturkatastrophen, Seuchen und Krankheiten. Stehen uns in Wirklichkeit nicht die Dämonen und alles Schwarze und Düstere näher mit ihrem todbringendem Wollen und Können? Vergessen wir dabei nicht, wozu die moderne technische Zivilisation fähig ist. Die Blutspur ist in der Geschichte breiter als das Rinnsal der Engelliebe.

Es scheint noch eine andere Gewalt zu existieren, die den guten Willen der Engel lähmt. In den religiösen Strömungen Indiens wäre es das Karma-Prinzip. Trotz aller Liebe und Hilfsbereitschaft der uns umgebenden guten Mächte, dürfen sie uns nicht helfen, wenn das bevorstehende Unglück als Buße für vergangene Taten von

Gott angeordnet wäre. Das Herrengebet lässt scheinbar auch diesen Gedanken zu: „Dein Wille geschehe!"

Im Urchristentum war die Engelverehrung unbekannt und erst im dritten Jahrhundert von der Kirche empfohlen. Ihr Ursprung liegt in der byzantinischen Kirche. Zur Engelverehrung wurden die Kirchenbesucher durch aufgemalte Engelgestalten auf den Säulen, Bögen und Wänden der Kirchengebäude stark animiert. Die byzantinischen Sakralgebäude wurden zu Symbolen des Universums, das von Engeln durchströmt war. Mit der Vergrösserung der Lebensnot unter der christlichen Bevölkerung hat sich die fehlende Zuwendung zu den Engeln ständig erweitert und vertieft. Trotz Protesten von Augustinus wurden immer mehr Kirchen den Engeln geweiht. Diese Ehre ist auch Engeln zugefallen, die in der Heiligen Schrift nicht erwähnt sind.. Das Konzil von Aachen (789) erlaubte nur drei von den Erzengeln – den Michael, Gabriel und Rafael – anzurufen. Später jedoch – ab dem Jahr 1596 – wurden wieder die sieben Erzengel in den kirchlichen Kult eingeführt.

Das im Jahre 1950 in Tirol gegründete Engelwerk *(Opus Sanctorum Angelorum*) hat eine Engel- und Schutzengelweihe eingeführt, um den Kontakt zu den Engeln noch enger zu knüpfen. Das Werk wurde von *Papst Paul VI* anerkannt und empfohlen. Dagegen, ohne eine römische Reaktion, bleibt eine andere Strömung im Bereich der Engelfrömmigkeit: Die persönliche Anrufung der Engel mit ihren Namen und Siegeln. Entstanden ist sie vor Jahrtausenden in Mesopotamien, ging später in die Kabbala ein, aber auch in verschiedene, kleinere, hermetische Gesellschaften. Auf dem Höhepunkt der Engelfrömmigkeit im Mittelalter sind einige Mystiker und Theologielehrer dieser Spur gefolgt. Es tauchen plötzlich tausende Engelnamen auf, versehen mit Siegeln und Bereichen ihrer Zuständigkeit. Dieses neuen Könnens haben sich prominente Theologen und Päpste bedient. Teilweise gehen wir in unserem Buch auf diese Tradition zurück.

Kapitel II Wo liegt die Heimat der Engel?

1. Das Ordnungsprinzip der Welten

Unsere materielle Welt existiert nicht nur in einer festen, sondern auch flüssigen und gasförmigen Gestalt. Sie ist mit den Sinnen wahrnehmbar, existiert aber auch jenseits der Sinneswahrnehmung, in der kleinsten Dimension und als Makrokosmos in der für uns weiten und unerreichbaren Ferne. Die materielle Welt setzt sich aus verschiedenen Lichtegraden und Aggregatzuständen zusammen, die aufeinander nicht zurückzuführen sind. Obwohl die kleinste und größte Welt für die direkte Sinneswahrnehmung unsichtbar bleibt, zweifelt niemand an ihrer Existenz, weil zu unseren Zeiten Geräte entwickelt wurden, die zweifelsohne ihre Existenz beweisen.

2. Die Welten jenseits der Sinneswahrnehmung

Die Unzulänglichkeit der natürlichen Wahrnehmung wurde nicht erst zu unseren Zeiten entdeckt. Seit Jahrtausenden wussten es die Menschen, dass unsere Welt noch andere Gesichter hat, die mit den natürlichen Sinnen nicht fassbar sind. Der Weg zum Erfassen der Ganzheit unserer Wirklichkeit, den sie eingeschlagen haben, beruhte auf der Verfeinerung und Schulung der Sinne. Mit geschultem Sehen, Hören und innerem Wahrnehmen haben sie neue Welten entdeckt und sind sogar Wesen begegnet, die seit unserem Erscheinen auf der Welt, uns führen und behüten, aber auch anderen, die negativ sind und uns schädigen können. Das Verblüffende dabei war, dass all die Geschöpfe die gleiche Welt mit uns teilen, dass sie ständig in der Nähe sind. Nach weiteren Forschungen im hellsichtigen Zustand, wurde auch auf allen

Planeten des Sonnensystems und sogar auf der Sonne selbst und auf dem Mond das gleiche Phänomen entdeckt: Überall leben intelligente Wesen, gehen ihren Aufgaben nach, sind mit Individualität, Bewusstsein und freiem Willen ausgestattet und sie waren bereits vor uns da.

3. Die Welten bestehen aus Lichtstoffen

Die Unsichtbarkeit der Welten und Wesen für hellsichtig ungeschulte Sinne, erklärten sich die alten Völker mit dem beobachteten Phänomen, dass der Stoff unserer Erde, sowie aller anderen Himmelskörper, aus Lichtstoffen besteht, die in verschiedenen Dichtigkeitsgraden anzutreffen sind. Wie auf der Erde überall Wesen anzutreffen sind, die auf dem Festland leben, andere in der Luft und noch andere im Wasser, so erweitert sich das Leben auch in den ätherischen Zonen dieser Welt.

In den Lehren alter Religionen wurden diese feinen Aggregatzustände „Sphären“ genannt. Sphären durchdringen mit ihrer Feinheit unsere materielle, grobe Welt und dank ihrer Subtilität, kollidieren sie nicht mit der materiellen Welt. Die feinsten Lichtstoffe, in denen die ätherischen Wesen leben, werden in den Religionen und hermetischen Wissenschaften, „Astralmaterie“ genannt und die noch feineren Stoffe tragen den Namen „Mentalmaterie“. Auch noch die Astral- und Mentalwelt weist immer feinere Substanzen auf, die durch ihre eigenen Schwingungen von anderen Sphären getrennt sind. Erst wenn die Eigenschwingung der Wesen mit der objektiven Schwingung der Sphäre korrespondiert, kann ein Astral- oder Mentalwesen sie betreten. Diese Gesetzmäßigkeit konstituiert die Hierarchie der Sphären und damit auch der in ihnen lebenden Wesen.

Nach diesem Prinzip sind alle Engel und die Seelen in der astralen Welt eingeordnet. Je subtiler der Astral- und Mentalleib, desto höher der Aufenthalt in der Sphäre.

4. Die Wirkung der Askese

In der astralen Welt kann sich ein Wesen aufhalten, das einen Astralkörper besitzt. Dazu gehören die Naturgeister, die Wesen der vier Elemente, die Engel und die Seelen.

Welcher Platz einem Engel oder der Seele in der Astralwelt zusteht, hängt wiederum vom Feinheitsgrad des Astralleibes ab. Zwischen dem Feinheitsgrad des Astralleibes und der Schwingung der Astralsphäre, muss eine vollständige Deckung bestehen. Die Grenzen zwischen den Subebenen der Astralsphäre sind für alle unpassierbar, die zu grobe Schwingung haben. Dieses Gesetz ist seit Jahrtausenden bekannt und es war auch der Anlass für die eigene Vervollkommnung durch Entsagung, Askese und Enthaltsamkeit. Alles, was die Religionen unter dem Begriff „Himmel“ oder „Jenseits“ verstehen, entspricht den Inhalten der Astralwelt.

5. Der Begriff „Astralwelt“

...ist nicht alleine an die Erde gebunden. Er umfasst das ganze Universum auch die entferntesten Galaxien. Die gesamte materielle Schöpfung ist von der Astralmaterie durchdrungen, in sie eingetaucht.

In welche Schicht der astralen Welt wir nach dem Ablegen des physischen Körpers kommen, hängt von der Reinheit der Seele ab, von ihrem ethischen Niveau und von der Überwindung der Anziehungskraft der materiellen Welt. Die Alltagsmenschen, die sich von ihren täglichen Sorgen nie erhoben haben, bleiben in den unteren Sphären. Trotzdem haben sie die Unendlichkeit erreicht, leben ohne Zeit- und Raumgefühl und die alten materiellen Behinderungen sind verschwunden. Unter diesem Aspekt ist der irdische Tod ein Übergang von einer Sphäre in die andere und sollte darum auch nicht dramatisiert werden.

6. In der Astralsphäre hören alle irdischen Interessen

...auf zu existieren, alle weltlichen Erfolge werden aus der neu gewonnenen Perspektive zu Müll, alle geleisteten Beiträge zu Wissenschaften, Kultur oder Zivilisation zur Belastung. Beziehungen, die auf der Basis der körperlichen Anziehungskraft entstanden sind, z. B. unter den Eheleuten, lösen sich hier auf. Gebraucht wird in der Astralwelt die tiefe Selbsterkenntnis, die Anbindung an Gott. Diese auf Erden gewonnenen Eigenschaften ermöglichen uns hier nicht nur freie Aufstiegsmöglichkeiten in die immer höheren Sphären, sondern auch die tiefsten Glückserlebnisse.

7. Die Auflösung des Astralleibes

Über der astralen Welt erstreckt sich die mentale Wirklichkeit, die für Wesen vorgesehen ist, die einen Mentalkörper besitzen. Dazu gehören die Menschen und alle Engel, nicht aber die Naturgeister und die Wesen der Elemente. Der Mentalkörper ist mit unserem Geist identisch. Ihm gehört auch unser Ich. Wer auf Erden den Astralkörper gereinigt, seine Emotionen, Strebungen und Wünsche auf Gott gelenkt hat, behält ihn auch weiter in der Mentalsphäre. Wenn er jedoch nicht mehr zu veredeln war, trennt sich der Mensch von ihm und lässt ihn auflösen. Damit verlässt er auch die Astralebene als seinen Wohnort. Sobald jedoch der Mensch zurück auf die Erde muss, wird der Astralleib endgültig aufgelöst. Für eine neue Inkarnation brauchen wir einen neuen Astralleib. Unser Selbst formt sich mit Hilfe des Geistes einen neuen Astralleib, in den Monaten der Schwangerschaft. Der Mensch kommt auf die Erde zurück, um die hier begangenen Fehler auszugleichen und um den nächsten Aufstieg besser vorzubereiten.

8. Die bösen Engel

In der Astralwelt sind uns alle Wesen sichtbar, die den gleichen Verdichtungsgrad des astralen Lichtstoffs besitzen. Wesen, darunter auch Menschen mit subtilerer Verdichtung der Astralmaterie, bleiben für die unteren Ebenen unsichtbar

Auf den unzähligen Unterebenen der Astralwelt leben nicht nur gute, sondern auch negative Engel. Auch sie stehen den Menschen zur Verfügung, allerdings wenn die Menschen selbst böse Vorhaben planen. Wenn wir uns die Frage nach dem Woher des astralen Lichtstoffes stellen, dann sehen auch die Engel seine Ursache in der göttlichen Emanation. Im astralen Licht sind alle Energien und Kräfte vorhanden, die ähnlich der Photosynthese bei Pflanzen, das Leben aller Wesen möglich machen.

9. Engel als Lehrer

Die Frage nach dem Sinn beziehungsweise nach den Aufgaben der Engel, wird uns noch später beschäftigen. Nun wollen wir noch kurz auf die verschiedenen Interaktionen zwischen den Engeln und den Menschen hinweisen

Menschen, die nach dem Ablegen des Körpers in die Astralebene kommen, werden von Engeln über ihren neuen Zustand aufgeklärt und in das neue Leben eingeführt. Die Engel haben die Funktionen von Lehrern und Führern inne. Sie betreuen nicht nur entkörperte Einzelmenschen, sie führen ganze Gruppen von Seelen und auf Erden stehen sie großen Nationen vor. Vor jeder neuen Wiedergeburt auf der Erde, wird der Mensch in der astralen Welt auf die Gesetzmäßigkeiten des Erdenlebens vorbereitet. Er erklärt ihm, wie man auf der Erde leben soll, um in der künftigen Astralwelt in die höheren Sphären aufgenommen zu werden und mehr Erkenntnis und Weisheit, sowie ein höheres Glück dem Leben hier abgewinnen kann. Der Engel betont vor allem die absolute Wichtigkeit der Läuterung und Entsagung. Es werden auch alle Schicksalsschläge, Krankheiten, Unfälle, Verluste von Eigentum, Todesfälle und der Vorgang des Sterbens mit dem Betreuungsengel besprochen. Die Seelen in der Astralwelt verstehen die Beziehung zwischen Taten und der Art der Buße auf Erden hier viel schneller und sind mit ihrem künftigen Schicksal im Voraus zufrieden. Sie akzeptieren alle künftigen Leiden, weil sie in der astralen Welt aufsteigen wollen. Somit begegnet jedem Menschen alleine nur das auf der Erde, womit er im Himmel einverstanden war. In allen Unglücksfällen kann auch der Schutzengel nicht helfen, weil er an die freiwillige Wahl seines Schützlings gebunden ist.

Alles Böse, was uns hier auf Erden begegnet, stärkt unseren Willen, reinigt unser Gemüt und bewirkt eine Distanz zu den irdischen Wünschen.

Die geistige Evolution der Menschheit führt uns in die

Vollkommenheit. Je schneller wir sie als Individuum erreichen, desto kürzer wird auch unser Leidensweg auf Erden.

10. Engel wissen, wer wir sind

Die Erdzone der astralen Welt ist der grobstofflichen irdischen Welt übergeordnet. Die verschiedensten Lichtstärken und Schwingungen in ihr bilden das Heimatland der Wesen, die in diesem Rhythmus schwingen. Und umgekehrt: Den Schwingungen eines jeden Menschen entsprechen die Dichtegrade einer jeden Zone.

Wenn wir in den Engelsphären zu Besuch erscheinen, werden wir, mit kleinen Ausnahmen, nicht als „persona non grata“ mit Schweigen quittiert. Wer wir eigentlich als menschliches Wesen sind, wissen sie ganz genau. Die Geschichte vom Satan ist hier immer noch lebendig. An den Grund seines Sturzes erinnern sich die Engelvölker ganz deutlich. Er protestierte gegen die Erschaffung von menschlichen Wesen, die eine vollkommene Gottähnlichkeit erhalten werden. Dabei beanspruchte er doch diese Vollkommenheit für sich und die Engel. Alleine nur der Mensch ist ein göttliches Wesen, das den Makrokosmos und seinen Schöpfer im Kleinen symbolisiert. Damit besitzt der Mensch die höchste Autorität in allen Welten. Dem Willen eines gottbewussten Menschen, würde sich kein Engel widersetzen, auch nicht die höchsten Kräfte. Sobald wir das Gottbewusstsein leben und ausstrahlen, leisten die Engel unserem Anliegen vollkommenen Gehorsam. Die Macht eines gottverbundenen Menschen, der im Namen Gottes und mit Bewusstsein seiner Autorität Fragen oder Forderungen stellt, kann kein Wesen im Universum Widerstand leisten. Negative

Gewalten bekommen nur dann Zugang zu uns, wenn wir die Gottähnlichkeit nicht mehr leben, wenn wir sie nicht mehr ernst nehmen, weil wir z. B. destruktiven Lehren über unsere Natur Folge leisten.

Dazu gehört vor allem die Sündenfalltheorie, die Idee der Erbsünde mit vielen negativen Folgen für unsere Geistfähigkeiten, und das angeblich den Menschen erwartende Endgericht am Jüngsten Tag. Wer von der Einwirkung dieser Vorstellungen auf seine Psyche und seinen Geist verschont geblieben ist und seine Gottverbundenheit lebt, besitzt bei allen Engeln die göttliche Autorität. Wer an sie nicht mehr glaubt und dazu noch die Unsterblichkeit und die Ewigkeit des Menschen leugnet, ist geistig entmachtet und fällt auf die dämonische Ebene herab.

Im Unterschied zum Gottmenschen sind alle Engel durch ihre Wesenseigenschaften an ihre Sphäre in der astralen Welt gebunden. Auch ein Alleskönnen oder sogar eine Allmacht ist den Engeln nicht gegeben. Darum sind sie auch spezialisiert, und was der eine beherrscht, ist dem anderen fremd. Es ist auch problematisch zu allen Engeln zu beten, ohne den konkreten Namen und seine Zuständigkeit zu kennen. Seit Urzeiten hatte man die Namen der Engelspezialisten gekannt, ihre Siegel gehabt und einen Engel als Fachmann im gewünschten Bereich angerufen.

Kapitel III Aufstieg in die Engelsphären

a. Das Herauslösen des Mentalkörpers

Im mesopotamischen Kulturraum und in Ägypten war das Element des Austritts des Geistes aus dem physischen Leib eine Pflicht des höheren Ranges der Priesterschaft. Auch griechische Ärzte und Philosophen haben sich in Ägypten dem Ichaustritt unterworfen. Heute hat eine beträchtliche Zahl von Menschen den klinischen Tod erfahren und einige davon berichten vom Verlassen des Leibes und einem Freiheitsgefühl im feinstofflichen Körper, der mit allen Sinnen und mit Bewusstsein ausgestattet war. Darüber gibt es eine wahre Flut von Schriften.

Den alten Zivilisationen war die vorübergehende Entleibung zu Zwecken erweiterter Erkenntnisse und Kontaktaufnahme mit körperlosen Wesen bekannt. Sogar Philosophen wie **Platon, Pythagoras, Empedokles** oder **Plotin** haben sich in den Mysterienschulen der vorübergehenden Trennung der Seele vom Körper unterzogen.

Die Mystiker Indiens pflegen regelmäßig diesen Weg, um den unsichtbaren Kosmos zu erforschen und um ihre Gleichheit mit den Göttern (Devas) zu erfahren. Die Priester Mesopotamiens haben auf diese Art die geistigen Intelligenzen direkt in ihren Sphären aufgesucht und ihren beruflichen Nachkommen einen sicheren Weg zur weiteren Erforschung einer neuen, faszinierenden Welt gewiesen.

1. Die Lösung durch den Traum

Das Verlassen des Körpers hat im Grunde nichts Dramatisches an sich, ist sehr einfach und gewöhnlich. Es geschieht jede Nacht im Schlaf, ohne dass wir es planen oder wollen. Um bei der nächtlichen Loslösung vom Körper mit Vollbewusstsein dabei zu sein, hilft eine einfache Übung: Wie gewöhnlich, legen wir uns abends ins Bett, lösen uns vom Alltag und mit Hilfe vom „*Autogenen Training*“, oder anderen Entspannungsme-thoden, empfinden wir Körperschwere und seine Wärme, beruhigen unser Gemüt und erzeugen die Gedankenstille. Damit betten wir den Körper zum ruhigen Schlaf. Die Suggestion, „je müder der Körper, desto wacher bin ich“, soll uns dabei begleiten. Sobald der Körper zu einer schweren, warmen, pulsierenden Masse wird und die ersten Traumimpressionen auftauchen, bleiben wir felsenfest bei unserer Entscheidung, uns nicht in den Schlaf mitreißen zu lassen. Auch wenn es uns am ersten Tag nicht gelingt, üben wir desto entschiedener an den folgenden Abenden weiter. Es kommt die Nacht, in der wir zum stillen Beobachter unserer Träume werden. Nach einer Angewöhnungszeit, können wir in die zweite Schlaftraumphase übergehen, in der wir selbst die Traummotive und den Traumverlauf bestimmen. Wir können z. B. bestimmen, dass wir träumend unsere Verstorbenen aufsuchen, auf Weltreise gehen, oder kranke Freunde besuchen. Sobald der Körper zu erwachen beginnt, zieht es uns blitzschnell in den Leib zurück.

2. Die Spiegelmethode

Sie wird von Alchimisten und Hermetikern bevorzugt. Und so geht es: In einer bequemen Lage setzt man sich vor den Spiegel, der groß genug sein soll, um sich ganz darin zu erblicken. Ein paar Minuten beobachten wir uns, schließen die Augen und im Geiste stellen wir uns unser

Spiegelbild mit allen Einzelheiten vor. Mit besonderer Aufmerksamkeit zeichnen wir im Bewusstsein alle Details auf, die den Gesichtsausdruck betreffen. Geübt wir 20 min. täglich. Erst, wenn zwischen dem Spiegelbild und dem Gedächtnisbild keine Abweichungen mehr wahrnehmbar sind, können wir den nächsten Schritt vornehmen.

Unser Ziel besteht nur darin, das Bewusstsein in das Spiegelbild zu verlegen und vom Spiegel aus zu beobachten. Es wäre, bei Gelingen, ein Ichaustritt in den Spiegel. Die Schnelligkeit des Gelingens hängt vom Grad der Entspannung und der Intensität der Konzentration ab.

3. Aufbau des Selbstbewusstseins

Der nächste Schritt in der Reihe der Austrittsübungen wäre nun der Aufbau des wahren Selbstbildes mit Hilfe der Imagination. Aus den Spiegelübungen haben wir gelernt, dass unser Geist genau dem Aussehen und der Größe unseres Körpers entspricht. Jetzt verinnerlichen wir die Erfahrung, dass der Geist das Lebendige in uns ist, dass er und nicht der Körper der Träger aller Sinneswahrnehmungen ist, dass er den Körper bewegt und ihm das Weltbild vermittelt. Weil unser Geist jenseits der Zeit- und Raumgrenzen existiert, kann er zeitlos den Erdkreis umrunden und sogar aus dem Jenseits zeitlos in den Körper wieder eintreten. Dass wir als innerer Mensch die Fähigkeit besitzen, den ganzen Makrokosmos kennenzulernen, gehört zum wesentlichen Bestandteil der Selbsterkenntnis und damit zum Eigenbild in unserem Bewusstsein. Ohne die Einschätzung des Eigenwertes hätten wir, bei den kosmischen Wesen, nie die nötige Autorität, um von ihnen die wahrheitsgetreuen Antwor ten auf unsere Fragen zu bekommen.

4. Nachbildung der Umgebung
Sobald wir vollkommen überzeugt sind, dass nicht der Körper, sondern der Geist unsere Identität bildet, können wir die Imaginationen zur Nachbildung der Umgebung einsetzen.

Infolge der bisherigen Übungen sollten wir ein Gefühl für unser Geistsein bekommen, als ob wir neben dem Körper existieren würden, neben ihm stehen und ihn in jeder Tätigkeit beobachten. Haben wir infolge dieser Übungen die Sicherheit bekommen, dass wir nicht der Körper sind, sondern tatsächlich neben ihm leben und ihn beobachten, können wir unsere unmittelbare Umgebung, die uns vollkommen vertraut ist, in unserem Geist mit Imagination nachbilden. Die Imagination soll uns die Umgebung genauso wiedergeben, wie sie in Wirklichkeit ist. Auch diese Aufgabe soll so lange geübt werden, dass zwischen dem Bild (in der Vorstellung) und der Realität keine Abweichungen bestehen.

5. Die ersten Schritte im Mentalkörper
Ist uns auch diese Übung gut gelungen, können wir in unserem Zimmer und dann auch in unserem Haus, kurze Strecken unternehmen, alleine als Geistwesen. Dabei nehmen wir bewusst alle Sinneseindrücke auf, wie Sehen, Hören, Fühlen und Riechen, als ob wir noch im Körper wären. Die Wanderungen im Mentalkörper ziehen wir solange durch, bis wir darin absolute Sicherheit gewonnen haben.

6. Die Fähigkeit des Mentalkörpers
Bevor wir uns entschließen die Planetensphären aufzusuchen, sollen wir uns einige Eigenschaften des

Mentalkörpers bewusst machen. Im Augenblick können wir uns an jedem Ort im Makrokosmos, wo wir uns zu sein wünschen, auch tatsächlich befinden. Alleine die Vorstellung, dass wir dort sind, bewirkt, dass wir im selben Moment tatsächlich dort erscheinen. Die Bewusstmachung dieser Eigenschaft muss zum festen Wissen verarbeitet werden. Um sich auch von dieser Wahrheit zweifelsfrei zu überzeugen, sollten wir uns zuerst an Orte versetzen, die uns aus der eigenen Erfahrung gut bekannt sind. Anschließend können wir die gesamte irdische Welt auf diese Weise „bereisen".

b. Zu Besuch in den Engelreichen

a) Die Sphäre der Naturgeister

Nach den antiken Lehren, die heute an ihrer Aktualität noch nichts verloren haben, ist alles Erschaffene – das große und kleine Universum – durch die Wirkung der Elemente entstanden. Weil die „Elementenlehre" zur Zeit der wissenschaftlichen Physik aus den Lehrbüchern, aber nicht aus dem Denken mancher Philosophen verschwunden ist, wollen wir kurz an diese Lehre erinnern.

1. Die Lehre von den Elementen

Zu den Elementen zählt das Feuer, die Luft, das Wasser und die Erde Es handelt sich dabei allerdings nicht um die gewöhnliche Form der Elemente, die uns aus der täglichen Erfahrung bekannt sind. Der Begriff der Elemente ist bereits in der Antike so konstruiert worden, dass er die universellen Eigenschaften der Elemente widerspiegelt und nicht ihre chemische und physikalische Zusammensetzung. Die christlichen Theologen haben sogar das Wesen Gottes als Einheit der vier

Elemente dargestellt. In das Verstehen der vier Elemente führte nicht die äußere Naturerfahrung, sondern eine spezielle Einweihung in den Mysterienschulen. Wir glauben jedoch, dass wir auch ohne eine hermetische Einweihung, das Wesen der Elemente verstehen werden.

Im der hierarchischen Reihenfolge der Elemente steht als erstes das Feuer. Im Gott und allem Erschaffenem, wirkt das Feuer. Zu den universalen Eigenschaften des Feuers zählt man die Wärme und die Expansion, zu der das Licht gehört. Das Feuerelement hat , wie alle übrigen Elemente auch, zwei Wirkungsrichtungen: die aufbauende und die zerstörende. Zu den aufbauenden gehört die erzeugende und erschaffende Aktivität, zu der negativen, die vernichtende und zersetzende. So ist es auch bei Luft, Wasser und Erde. Aus rein menschlicher Sicht, wird den negativen Eigenschaften der Elemente das Böse und Schädigende zugeschrieben. Vom universalen Standpunkt aus, gibt es jedoch das Gute oder das Böse in der Natur und im Universum nicht. Die Elemente wirken ihrer Natur gemäß in dem Rahmen der Gesetze für ihre Natur.

Das in der Hierarchie der Elemente an zweiter Stelle gesetzte Wasser hat zum Feuer entgegen gesetzte Eigenschaften, nämlich die Kälte und Zusammenziehung. Die positiven Eigenschaften des Wasserelements äußern sich in ernährenden, erhaltenden und lebensspendenden Wirkungen. Die negativen dagegen in gärenden, zerteilenden und zersetzenden Kräften. Das Wasser, besonders in seiner zusammenziehenden Grundeigenschaft, ist der gesamten Schöpfung eigen. Die alten Lehren behaupten, dass Feuer und Wasser zu den zwei Grundprinzipien gehören, mit denen alles erschaffen wurde.

Das dritte Element, die Luft, ist ein Vermittler zwischen Feuer und Wasser. Es stellt das neutrale Gleichgewicht zwischen beiden her. Als Vermittlerin zwischen Feuer und Wasser hat die Luft vom Feuer die Eigenschaft der Wärme und vom Wasser die Feuchtigkeit. Auch das Luftelement besitzt die positive, Leben spendende und die negative vernichtende Eigenschaft.

Das Erdeelement entstand als letztes aus der Zusammenwirkung der Feuers, des Wassers und der Luft. Die Eigenständigkeit des Erdelements äußert sich jedoch in der Fähigkeit der Erstarrung aller drei Elemente in einer Art von Einfrierung und Festhaltung, wodurch die drei Elemente ihre Form erhalten und ihrer Ausdehnung Grenzen gesetzt werden. Die Folge davon war die Entstehung der Zeit, des Raumes und aller Masse.

In der Literatur über die Elemente wird auch das fünfte Element zitiert – das Akasha oder Ätherprinzip – die Quintessenz. Wenn jedoch die verursachende Wirkung von Akasha in Betracht gezogen wird, dann wird klar, dass dieser Begriff das Verursacherprinzip vermittelt, aus dem die Elemente entstehen. Akasha wäre damit Gott der Religionen in seiner Eigenschaft als Schöpfer des Universums.

2. Die Elementewesen aus der Sicht der Seher

1) Das Reich der Feuergeister

Es ist schwierig, die Gestalt der Feuergeister zu schildern, weil sie sowohl die Menschen wie auch Tiere nachahmen. Sie tun es jedoch nicht aus ästhetischen Überlegungen heraus. Sie sind unförmig, ihre Arme hängen bis zum Boden herab, besitzen giftgrüne Schlitzaugen, ihr Blick ist starr und hart, ihr Mund überbreit, dazu eine lange gebogene Nase, anliegende Ohren und ein dünner Hals. Sie erscheinen auch mit einem Tiger-, Schlangen oder Hyänenkopf. Ihre Körpergröße geht bis auf siebzig Zentimeter. Sie können sich jedoch in Sekundenschnelle bis auf mehrere Meter ausdehnen. Sie sind unter dem Namen „Salamander“ bekannt. Obwohl sie im Prinzip geschlechtslos sind, gibt es auch weibliche Feuergeister. Kinder gibt es bei ihnen keine. Anzutreffen sind sie im häuslichen Kamin, in den großen Öfen der Industrieanlagen, bei Wald- und Hausbränden, bei Explosionen, Donner und Blitzen. Das Feuer löst bei ihnen ein Begehren nach größerem und mächtigerem Feuer aus, jedoch aus sich selbst können sie keine Brände verursachen. Unter einander sind sie aggressiv und leben im ständigen Streit. Vulkanausbrüche und tätige Krater ziehen sie magnetisch an. In der Feuerglut fühlen sie sich am wohlsten. Intensiv werden sie von den bösen Menschen angezogen und stiften sie zu Bränden und Explosionen an. Von einer Tendenz zur Veredelung sind sie noch weit entfernt. Die weiblichen Salamander halten sich jedoch in der Nähe zu guten Menschen auf und sind weniger wild.

2) In der Welt der Undinen
Die Undinen oder Wasserjungfrauen, auch Nixen genannt, verkörpern die feinstofflichen Kräfte des astralen Elements Wasser

Ihr Aussehen variiert von eineinhalb Metern und kann bis auf hundertdreißig Zentimeter sinken, abhängig von der Zugehörigkeit zu einer der Hauptgruppen. Die Undinen können ihr Aussehen im Bruchteil einer Sekunde verändern. Sie werden doppelt so lang erscheinen oder verkürzen sich bedeutend. Ihr Körper ist mit Schuppen bedeckt und statt Beinen haben sie Flossen oder einen Fischschwanz. Kinder sieht man in keiner ihrer Gruppen. Ihre Hautfarbe hängt davon ab, ob sie im freien Meer oder am Meeresboden leben.

Der Name Nixen beschränkt sich auf feinstoffliche Wassergeschöpfe, die auf der Meeresoberfläche leben und von berückender Schönheit sind. Das Haar der Nixen verändert seine Farbe abhängig von der Färbung der Binnengewässer, denn auch hier und in den Flüssen leben sie. Sie tragen Schmuck, jedoch keine Kleider. An schönen Tagen führen sie ihre Tänze über dem Wasser vor. Was wir bei anderen Elementarwesen nicht beobachtet haben – strahlt bei Nixen eine Aura aus – die bis zum Fünffachen ihrer Körpergröße reicht. Sie leben durchschnittlich siebzig Jahre. Anzutreffen sind sie auch an stillen Buchten, Wasserfällen, an Bergseen und Quellen. Sie leben in ständiger Bewegung, schweben über den Wassern, tauchen und singen. Ihre Energien beziehen sie aus dem Wasser und der Luft. Zu viel und zu starke Sonne schwächt ihr Gemüt. In den Wintermonaten halten sie sich auf dem Wassergrund auf. Sie beschützen alle Wassertiere und Wasserpflanzen, stehen auch den Menschen in Gefahren bei.

3) Die Welt der Luftgeister

Der Begriff der Luftgeister umschließt Gruppen von Wesen, die auf eine gemeinsame Genealogie schwer zurückzuführen sind.

Der ***Abt von Trittenheim*** erkannte sie als böse und gewaltbereite Wesen und ***Pictorius*** sah in ihnen sogar einen ausgeprägten Vernichtungswillen. Für ***Bäzner*** dagegen sind die Luftgeister, Sylphen genannt, oft sogar intelligenter als die Menschen, besitzen einen helfenden Charakter, hohes Wissen und ein strahlendes Gemüt. Er stellte sie fast auf die gleiche Ebene mit den Heiligen. Andere hellsichtige Forscher, darunter auch ***Spiesberger***, sehen das Wesen des astralen Luftelements in den Sturmgeistern verwirklicht. Sie sind das Gegenteil zu den Sylphen. Ihr Erscheinungsbild verletzt alle Normen der Ästhetik. Ihr gewaltiger, asymetrischer Körper, umschlossen von einer blau-grünen Aura, erinnert an infernale Tiere der alten Sagen und lässt keinen Vergleich mit Menschen zu. Die abstehenden Ohren an einem Wildkatzenkopf, ein dicker, kurzer Hals, verknorpelte Hände und Füße und ein buschiger Schwanz, lassen es nicht zu, sie mit Menschen oder bekannten Tieren zu vergleichen. Es wird vermutet, dass sie gleichzeitig Tiere und Menschen nachahmen. Ihre Körpergröße erstreckt sich bis auf zwölf Meter Länge. Wie alle Elementarwesen können sie ihre Körperlänge bedeutend vergrößern oder verkleinern. Sie werden zwischen achtzehn und fünfundzwanzig Jahre alt. Sie lassen sich in den Wolken treiben, oder man sieht sie hoch am Himmel, oft über dem flachen Land oder über den Ozeanen. In unbeschreiblich mächtigen Wutanfällen zerstören sie alles, was ihnen Widerstand leistet. Sie ver-körpern die negativen Eigenschaften des Luftelements.

Die positiven Eigenschaften der Luft werden dagegen in den bereits erwähnten Sylphen gesehen. *Bäzner* hat in den Sylphen, die am höchsten entwickelten Elementargeister gesehen und ihnen sogar Engeleigenschaften zugeschrieben. Sie haben blaue Augen, üppige, blonde Haarsträhnen und ihre maximale Körpergröße beträgt hundertfünfunddreißig Zentimeter. Sie schweben über den Meeren, über den Flachlandschaften und in Gebirgsregionen. Die Auragröße erreicht das Zehnfache ihrer Körpergröße. Im Durchschnitt werden sie siebzig Jahre alt. Aus verdichtetem Auralicht formen sie ihre Kleider und den Schmuck. Die Sylphen gehören eher zu den Nachtwesen und während des Tages halten sie sich unter den Bergseen, Meeresdünen, in dichten Wäldern oder unter Felsengebirgen auf. Nachts leben sie auf den Wiesen, Blumenanlagen der Städte und in den Gebirgstälern. Menschen niederer Gesinnung meiden sie von Weitem. Sie überwachen das Wachstum der Pflanzen, der Obstbäume und seltener Blumen. Wenn sie sich in der Nähe der Menschen aufhalten, übertragen sie spontan ihr Gemüt auf sie und die Menschen werden ausgeglichener und ruhiger. Mit ihren Energien helfen sie den Kranken, den Sterbenden geben sie Kraft und Mut. Wie alle anderen Elementarwesen feiern sie ihr größtes Fest in der ersten Hälfte des Monats Februar.

4) Im Reiche der Gnomen

Die Gnomen zählen zum astralen Element der Erde. Wie die Wesen der übrigen Elemente, unterliegen sie nicht den Einschränkungen des Raumes und der Zeit. Mit der Erde im Sinne der grobstofflichen Materie haben sie nichts zu tun. Sie durchdringen mühelos die dicksten Felsen, gehen durch die Mauern und Fenster, das Feuer kann sie nicht aufhalten und sogar unter dem Wasser halten sie sich gemütlich auf. Für das hellsichtig ungeschulte Auge bleiben sie als astrale, ätherische Wesen – wie auch die übrigen Elementarwesen – unsichtbar. Wer zu ihnen Kontakt sucht, kann seinen Wunsch auf dem

Wege des mentalen Wanderns verwirklichen. Zu den hellsichtigen Kennern der Naturgeister gehörte der *Theosoph Erhard Bäzner* (Die Naturgeister, Theosophischer Kultur-Verlag, 1924), dem ich auch die theoretische Verarbeitung meiner persönlichen Erfahrungen verdanke.

Das größte Volk unter den Elementewesen bilden die Gnomen. Ihre Zahl entspricht in etwa der Menge der Menschen. Sie wohnen auf allen Kontinenten. Man nennt sie auch Kobolde, Faune, Satyre, Zwerge, Heinzelmännchen u. ä. Von ihrem Aussehen her ähneln sie den Menschen, besitzen einen feinstofflichen Körper, tragen Kleider, die oft an die modernste Mode angepasst sind. Zu essen brauchen sie nicht. Die Energien beziehen sie von den erdmagnetischen Strömungen, von den Strahlungen der Bäume und Pflanzen und von den ausströmenden Kräften der Gefühle und Gedanken menschlicher Wesen.

Von den meisten Beobachtern wird das Gnomenvolk in drei Hauptgruppen unterteilt. Die Abstufung erfolgt dabei nach Intelligenzgrad, Kunstfähigkeit und Körpergrösse. Die erste Gruppe ist die intelligenteste und körperlich die schönste. Sie ist bei Bräuchen bestimmend und bis zu einem Meter groß. Einen geringeren Intelligenzquotienten finden wir bei den Mitgliedern der zweiten Gruppe. Sie haben auch geringeren Körperwuchs und leben höchstens 60 Jahre. Die dritte Gruppe leidet unter Intelligenzdefiziten und wird bis zu 50 Jahren alt. Die mittlere Körpergröße beträgt hier sechzig Zentimeter. Die Gruppenzugehörigkeit wird durch entsprechende Bekleidung unterstrichen. Die Verwandlungskunst der Gnomen ist erstaunlich groß. Fast zeitlos können die Gnomen der ersten Gruppe ihre Körper bis auf die Höhe eines stattlichen Baumes vergrößern oder bis auf die Form einer

Biene verkleinern. Dafür braucht die zweite Gruppe mindestens ein paar Minuten. Gnomen sind auch Meister in der asymetrischen Verwandlungskunst. Beispielsweise können sie ihren Arm bis auf ein paar Meter weit ausstrecken oder ihre Nase überproportional vergrößern.

Die männlichen Gnomen tragen Bärte. Die weiblichen, die in der Minderheit vertreten sind, haben bis zu 10 cm kürzeren Körperwuchs. Ihren Männern sind sie absolut treu. Paare besitzen auch Kinder. Die meisten Paare sind jedoch kinderlos. Kinder wachsen nicht zu Erwachsenen heran. Bis zum Tode bleiben sie Kinder.

Kraft ihrer ausgeprägten Imaginationskraft, tragen die Gnomen wunderschöne Trachten, die sie aus geiststofflichen Elementen kreieren. Ihre Kleidung erinnert an die Mode der Menschen, wo sie selbst leben. Am schönsten angezogen sind die Pariser Gnomen.

Als Wohnstätte wählen die Gnomen wilde Schluchten, dichte Wälder, Gebirgstäler, Felsblöcke, Waldquellen, aber ebenso gern städtische Parkanlagen und Gärten. Sie halten sich unter der Erde auf und unter Bäumen mit knorrigem Wurzelwerk. Die meiste Zeit verbringen sie unter der Erde. Sie entwickeln heimatliche Gefühle zu ihrer Wohngegend. Ihre Tätigkeit in der Natur umfasst die Energiezufuhr für Pflanzen, Pflege der Erze und Edelsteine, auch der Schutz von Tieren und Menschen, die im Bergbau tätig sind.

Sie haben kein Bedürfnis nach Essen und Trinken und falls sie es tun, wäre es immer eine Täuschung. Es gibt auch unterirdische, feinstoffliche Gnomenortschaften, Häuser, Kirchen und Schulen. Zur Erscheinung bringen sie ihre Bauten durch kreative Intelligenz.

3. Die Vorsteher der Elemente

Überall dort, wo sich die Menschen aufhalten, befinden sich auch die Elementewesen. Wie wir es immer wieder betonen, sind sie einem hellsichtigen ungeschulten Auge nicht sichtbar. Sie leben im astralen, feinstofflichen Lichtstoff, in dem die ganze Erde und die Regionen um sie herum eingetaucht sind.

Unsere Kontakte mit den Wesen wollen wir nun körperlos – im Mentalleib – fortsetzen. Es ist empfehlenswert mit den Elementewesen zu beginnen, weil wir die Erfahrung brauchen für die viel schwierigeren Aufgaben später, bei Sphärenbesuchen und Kontakten mit den höchsten Engeln im Universum. Die Wesen der Elemente sind keine Engel. Sie leben in der untersten Zone der Astralwelt, wo sich auf den höheren Etagen die Engel und die Verstorbenen befinden.

Wenn wir im Mentalkörper sind, d. h. den physischen Leib verlassen haben, genügt ein Willensimpuls, z. B. der Wunsch nach Begegnung mit einem Vorsteher des Feuerelements, so sind wir im gleichen Moment bereits im Reich der Feuerwesen. Die Mentalwanderer suchen seit Generationen den Kontakt mit den Vorstehern der Sphären oder der Wesen, weil alle außerirdischen Lebewesen hierarchisch organisiert sind und die Vorsteher das tiefste Wissen und die vollkommenen Fähigkeiten auf ihrem Speialgebiet besitzen. Jedes Elementereich hat mehrere Vorsteher, die sich von den Vorstehern anderer Elemente unterscheiden. Weil sie alle hellhörig und hellsichtig sind, wissen sie auch augenblicklich mit welchen Intentionen wir bei ihnen erschienen sind. Für unseren Erfolg ist es entscheidend wichtig, dass wir das Gottbewusstsein während der Begegnung aufrechterhalten und somit im

Namen Gottes kommen. Diese Grundregel ist bei Begegnungen mit allen Wesen, aller Sphären im Universum verpflichtend. Fragen, die wir an die Wesen haben, sollten wir vor dem Austritt aus dem Körper vorbereiten. Durch den Druck der Sphäre und ihrer Schwingung, können wir stark abgelenkt werden.

1) Vorsteher im Reich des Feuerelements

Nicht alle Vorsteher des Feuerelements sind dem Menschen zugeneigt. Auch ihre Betätigungsfelder entsprechen selten den menschlichen Interessen. Darum erwähne ich hier nur drei Feuerwesen von Rang, die auf Kontaktversuche mit Menschen reagieren.

Es wäre zuerst der ***Itumo***, der Gewitter mit starkem Regen auf die Erde schickt. Wenn er konzentriert mit Namen darum gebeten wird, lässt er ein Gewitter herab oder bringt ein wütendes Gewitter zum Stillstand. Wir haben immer dort mit seiner Macht zu tun, wo Blitze und Donner wüten. Kennt er uns persönlich durch den mentalen Besuch, reagiert er auf unsere Bitte sofort, ohne dass wir aus dem Körper herauszutreten brauchen, oder sein Siegel zeichnen müssen. Ein gewaltiges Feuerwesen, mit unzähligen Untergebenen ist ***Orudu.*** Er ist allen ein Lehrer, die sich für die Geheimnisse des Feuerelements in allen seinen Formen und Wirkungsbereichen interessieren.

Zu den mächtigen Feuerwesen gehört auch ***Oriman***. Seine Untergebenen halten sich in den großen Stahlwerken und Feuerschmieden auf. Wer sich für die Pyrotechnik interessiert, kann von ***Oriman*** wertvolle Informationen bekommen.

2) Bei meinen Versuchen mit den Vorstehern des Luftelements Kontakt zu bekommen, trat ich wegen ihrer Unfreundlichkeit von meinem Vorhaben zurück. Sie im Namen Gottes zu zwingen wäre unklug. Alles, was sie zu berichten hätten, bekommt man auch von Engeln der astralen Erdzone zu hören.

3) Von den Wesen des Wasserelements möchte ich drei Vorsteher nennen, die den Menschen sehr gewogen sind. Eine weibliche Herrscherin über die Nixen und Nymphen ist ***Isaphil***. Sie kann den Sphärenwanderer in die Geheimnisse des Wasserelements in allen kosmischen Sphären einweihen. Dagegen ist die ***Amue*** eine exzellente Kennerin aller Wassertiere und erteilt wertvolle Ratschläge für die Fischzucht und Wasserreinigung. Der dritte Vorsteher im Reich des Wasserelements und Herrscher über sämtliche Flüsse heißt ***Aposto***. Er rettet auch Menschen vor dem Ertrinken beim Baden und Wassersport. Wer sich in Gefahr befindet zu ertrinken, soll seinen Namen dreimal anrufen. Es gibt weitere Herrscher und Herrscherinnen im Reich des Wasserelements, die ich persönlich nicht kennengelernt habe. Die Herrscherinnen des Wasserelements sind von betörender Schönheit und in Kontakt mit ihnen, braucht man einen eisernen Willen, um standhaft zu bleiben.

4) Aus dem Reich der Erdeelemente möchte ich drei Namen der Gnomenkönige nennen, die mit Menschen gerne ihr Wissen teilen. Der ***Mentifil*** z. B. ist ein ausgezeichneter Kenner aller Geheimnisse der Heilkräuter und ihrer Wirkung bei Krankheiten, sowie der Verarbeitung der Kräuter zu Arzneien. Auch mit Alchemie

kennt er sich gut aus. Der Gnomenherrscher ***Orova*** überwacht alle Edelsteine auf der Erde. Er kennt ihre Wirkung bei Krankheiten und ihren geheimen Einfluss auf das Schicksal der Menschen. Man darf ihm keine Fragen stellen, die einen egoistischen Hintergrund haben. Ein weiterer Gnomenherrscher, ***Idurah***, überwacht im Erdreich den Verlauf der Kristallisierungsprozesse. Er kennt alle Salze und ihre Zusammensetzung, sowie ihren Gebrauch zum Zweck der Heilung.

Haben wir in den Reichen der Elemente die ersten Erfahrungen mit unserem Mentalkörper erfolgreich abgeschlossen, können wir uns in die Sphären der Engel begeben.

b) Die Engelsphären

Wie für uns auf Erden die Luft zum Leben notwendig ist, so notwendig ist die entsprechende Intensität des astralen Farblichtes für die Engel in ihren Sphären.

Planen wir zu den Engeln der Planetensphären aufzusteigen, dann steht die Aufgabe vor uns, den Mentalkörper mit den Farblichtschwingungen der Sphäre aufzuladen. Tun wir es nicht, kommen wir gar nicht in die Sphäre hinein, wegen ihrer Schwingung und dem Druck, den wir nicht aushalten würden.

Der astrale Lichtstoff der Erdsphäre mit dem wir unsere Reisen zu den Engeln beginnen, wird vom Mentalkörper noch gut vertragen, weil wir durch die unbewussten Ichaustritte im Schlaf, seit dem Lebensanfang auf Erden daran gewöhnt sind. Nach dem wir gelernt haben, den Mentalkörper vom physischen Leib nach Bedarf zu trennen, macht es keine Schwierigkeiten, die Erdzone der Engel zu erreichen. Ein konzentrierter Wunsch, die Zone der Engel zu erreichen reicht aus, um im gleichen Augenblick dort zu erscheinen. Auch die Engel sammeln sich um uns herum. Den Kontakt mit Engeln der Erdsphäre anzuknüpfen ist sogar leichter, als mit Menschen einer fremden Stadt. Die Fragen an die Engel werden vor dem Austritt aus dem Leib gut vorbereitet, sowie das Gottbewusstsein aktiviert.

Unter den Engeln gibt es kaum ein Wissensgebiet, das sie nicht beherrschen. Von diesem Standpunkt aus dürfen wir behaupten, dass die Engelreiche geschlossene Zivilisationen darstellen, die uns um Jahrtausende vorausgehen. Im Bezug auf unser Schicksal auf Erden wissen sie auch ganz genau, wie und warum unsere Zivilisation zerfallen und wann eine neue Menschheit auf Erden entstehen wird. Es entspricht auch nicht der Wahrheit, dass die Engel in organisierten Chören um Gottes Thron versammelt wären und ihr Leben mit entzückten Jubelrufen verbringen. Jeder Engelvorsteher hat seine eigenen Forschungs- und Machtbereich in dem seine Interessen aufgehen. Es stimmt jedoch auch, dass sie einen leichten Zugang zu Gott haben und in seinem Wesen leben.

1. Das astrale Engelreich der Erdzone...
...ist leicht zu betreten. Ihre Bewohner sind freundlich und hilfsbereit. Alleine hier wohnen mehr Engel als es Menschen gibt. Weil sie keine physischen Körper besitzen, brauchen sie auch keine materielle Zivilisation. Ihre Kultur hat die höchsten Werte des geistigen Strebens der Menschheit bereits vor dem Erscheinen der Menschheit auf der Erde verwirklicht. Eine Idealisierung ihrer Reiche wäre jedoch auch nicht angebracht. Die Hälfte aller Engel besitzt eine Moral, die wir als böse

bezeichnen würden. Die negativen Engel werden von keiner Seite im Universum diskriminiert. Auch sie gehören zu der Ordnungsstruktur des Ganzen.

2. Hierarchisch der Erdsphäre übergeordnet ist die...
... Mondsphäre. Ohne die Kenntnis der Erdzone und die Gewöhnung des Mentalkörpers an ihre Schwingungen, darf man die Mondsphäre nicht betreten. Das gilt auch für die durch Tod entkörperten Menschen. Der Druck der Mondsphäre und ihre Schwingung würden uns zurück in die Erdsphäre schleudern. Darum ist die Aufladung des Mentalkörpers mit dem Farblicht der Mondsphäre erforderlich. Das Licht in der astralen Mondsphäre ist silberweiß mit violetter Tönung. Die Aufladung geschieht mit Hilfe der Imagination, die in den körperlosen Welten ein Machtinstrument des Geistes ist. Weil wir unseren Mentalkörper nach der Trennung vom Leib sehen und betrachten können, kontrollieren wir damit den Vorgang der Aufladung, die mit Willen und Vorstellungskraft vollzogen wird. Wir stellen uns also mächtig unseren Mentalkörper in dieser Lichtschwingung vor und genau so muss es auch geschehen. Beim Betreten der Sphäre kann uns trotzdem ein Schwindelgefühl stören. Durch Gewöhnung wird sich jedoch auch diese Störung verziehen.

Die Mondsphäre, wie auch die übrigen Sphären, sind nicht für uns Menschen gedacht. Darum bleiben wir auch nach dem endgültigem Ablegen des Leibes in den Zonen der Erdsphäre. Die Mondsphäre und alle übrigen Planetensphären, sind Heimatorte für andere Geistwesen und auch nach einer erfolgreichen Gewöhnung, können wir hier nicht leben.

Die Kontaktaufnahme mit den Mondengeln unterscheidet sich kaum von den Regeln der Erdsphäre. Auch hier erscheinen wir mit dem unerschütterlichen Gefühl der Gottverbundenheit und mit den im Gedächtnis gespeicherten Fragen an die Engel. Die uns begleitenden Engel würden uns rechtzeitig warnen vor einer möglichen Gefahr für den Mentalkörper, die von ihrer Heimat ausginge. Die Mondengel selbst sind mit einer Expansivkraft ausgestattet, die auf den Mentalkörper lähmend wirkt. Darum dürfen wir in der Mondsphäre nur kurz verbleiben.

Erst nachdem wir unseren Mentalkörper an die Druck- und Spannungsbedingungen der Mondsphäre gewöhnt haben,...

3. ... dürfen wir bei den Genien der Merkursphäre...

...erscheinen. Diese Regel ist nur beim ersten Besuch verpflichtend. Bei allen weiteren Merkurbesuchen können wir direkt von der Erde aus auf dem Merkur erscheinen. Die Lichtkraftsammlung geschieht für den Merkur in der gelben Farbschwingung. Weil die Merkurschwingung anfänglich schwer zu ertragen ist, soll die Lichtkraftstauung gründlich erfolgen. Auch die Merkurgenien selbst besitzen kraftvolle Eigenschwingungen, die wir im Mentalkörper nicht zu lange aushal-ten können. Die hier lebenden Intelligenzen besitzen ein hohes Uniersalwissen und überwältigende Fähigkeiten. Unsere Fragen an sie sollen gut vorbereitet und durchdacht werden. Von ihrem Wissen werden sie nur das preisgeben, was in einer präzisen Frage direkt intendiert wird. Es sind übermächtige, große strahlende Wesen, mit durchdringenden Augen und warmen Herzen.

4. Die Venussphäre wäre nun an der Reihe,...
wenn wir uns an die Reihenordnung der Sphären halten. Die Farblichtstauung im Mentalkörper erfolgt nun im leuchtenden smaragdgrün und soll bereits auf Erden erfolgen. Die Intelligenzen der Venussphäre strahlen Liebe aus und erscheinen von strahlendem Licht umgeben. Ein jeder Wanderer muss seine Reaktionen vollkommen unter Kontrolle halten, damit er hier nicht länger bleibt, als ihm die gestaute Lichtkraft erlaubt.

5. Die am schwersten erreichbare Sphäre in unserem Universum ist der Wohnort der Sonnenengel.
Wer hier hinauf will, muss seinen Mentalkörper mit Überschuss an Sonnenlichtkraftstoff aufladen, so dass er wirklich der Sonne in ihrer Helligkeit gleicht. Die Schwingungen in der Sonnensphäre sind am schwierigsten auszuhalten und im weiteren Leben auf der Erde können sie sich disharmonisch auswirken. Durch kurze, dafür aber zahlreiche Besuche, wird sich der Mentalkörper an die starken Schwingungen in dieser Engelsphäre immer besser gewöhnen. Die Urgenien dieser Sphäre belehren den Wanderer u. a. über das Erreichen der Erleuchtung und vermitteln das Wissen von göttlichen Tugenden und der höchsten Weisheit.

6. Haben wir die Befragung der Sonnenengel gut überstanden, können wir im Mentalkörper in der Marssphäre erscheinen.

Der Mentalkörper wird mit heller, rubinroter Farblichtschwingung aufgeladen. Im Bewusstsein aktualisieren wir die zweifelsfreie Gottidentität. Trotz dieser Vorkehrungen müssen wir vor diesen Intelligenzen warnen:

bereits astrologisch fallen unter das Marsprinzip Kriege, Vernichtung, Totschlag, Mord, Brände, Vergewaltigung und Verbrechen aller Art. Die Engel der Marssphäre sind uns Menschen auch nicht gut gesonnen und folgen kaum unseren Moralgesetzen. Eine Kontaktaufnahme mit den Marsintelligenzen wäre nötig, wenn wir den Wunsch verfolgen würden, mit den Genien der Jupitersphäre in Verbindung zu treten.

7. Die Jupiterintelligenzen haben...
...einen seht starken Einfluss auf die Erde, d. h. auf die mentale, astrale und rein materielle Ebene unseres Planeten. Die Farblichtstauung im Mentalkörper mit hellem, himmelblauen Licht aufladen. Die Gottverbundenheit wird in einer tiefen Meditation gefestigt. Die Engel der Jupitersphäre üben ihren Einfluss auf die ganze kosmische Weltordnung aus, so z. B. gibt der Engel ***Asmodel*** auf Wunsch des Besuchers Unterricht in den Weisheitsmysterien der Liebe und erklärt die Liebesschwingung einer jeden kosmischen Sphäre. Er zeigt den Weg zur Heiligkeit und den Pfad zur Vergöttlichung unter dem Aspekt der Liebe. Ein anderer Urgenius der Jupitersphäre, ***Ameriel***, überwacht das gesamte Wissen der Engelwelt und der Menschheit und erweitert das Auffassungsvermögen eines jeden Wesens im Universum. Somit stehen auch Wissenschaften im Wirkungsbereich dieses Wesens. Der Urgenius ***Verschiel*** ist auf die Wirkungen von Überzeugung und Glauben aller intelligenten Wesen im Universum spezialisiert. Er lehrt, wie mit Glauben und Überzeugung Wunder bewirkt werden.

8. Die Saturnsphäre ist von Richtern besetzt,...
...die Wesen aus allen Sphären des Universums richten. Die Lichtstauung im Mentalkörper wird in dunkelvioletter Farbschwingung vorgenommen. Weil jedoch die mentale Atmosphäre auf dem Planeten unerträglich drükkend ist, und die das Karma überwachenden Engel eine durchdringende Strenge ausstrahlen, wagen es wenige Wanderer die Sphäre des Planeten zu betreten. In der gesamten Sphäre gibt es neunundvierzig selbstständige Richter, die von vielen Untergebenen begleitet werden. Durch Verurteilung und Bestrafung sorgen sie alle für die Erhaltung der Gerechtigkeit in allen Welten. Sie gehören zu den höchsten Schicksalsvollstreckern im Universum.

9. Die Planeten Uranus und Pluto sind in der...
...astralen Dimension auch von Engeln bewohnt. Sie haben jedoch keinen Einfluss auf die Geschehnisse auf Erden. Auch viele andere Sphären gibt es noch im Universum, weil sie jedoch in keiner Beziehung zu uns Menschen stehen, wurden sie von Sphärenwanderern nicht erschlossen. Auch die Imprägnierung mit ihrem Lichtstoff ist problematisch, weil es fremde Farblichter sind, deren Wirkung auf den Mentalkörper unbekannt bleibt. Für den Mentalwanderer bildet somit die Saturnsphäre das letzte Engelreich.

Kapitel IV Die erfolgreichen Engelärzte

Ich nenne nun die erfolgreichsten Engelärzte, mit denen ich früher in Kontakt stand und teilweise noch stehe. Sie sind sehr freundlich und sehen ihren Weg in die eigene Vollkommenheit, indem sie den Menschen Heilung bringen.

Jedoch auch sie stehen in Kontakt mit den Richterengeln von der Saturnsphäre und dürfen nur dort helfen, wo es die Vorsehung gestattet.

1. **Morech**: Sein Siegel wird in roter Farbe gezeichnet. Er ist ein unübertroffener Heiler aller Formen von Gedächtnisstörungen bei Hirnsklerose und bei Alzheimerkrankheit. Er hilft auch bei Gedächtnisstörungen infolge von Unfällen, überdosierter Narkose und Schockerlebnissen.

Frau „*Haldner*", eine 75-jährige Niederländerin, hatte mich auf Drängen ihrer Tochter besucht. Sobald sie meinen Behandlungsraum betrat, rannte sie mit einem Kampfschrei auf den Lippen auf mich los und bedrohte mich mit einem spitzen Schirm in der Hand: „*Was macht der Dieb in meinem Zimmer?*" Erst ihre Tochter konnte sie entwaffnen. Die Verwirrung, verbunden mit Gedächtnisverlust, stellte sich bei ihr infolge einer zu starken Narkose bei einer Hüftgelenksoperation ein. Die „Theraie" mit dem Engel habe ich ihrer Tochter erklärt und sie in das weitere Vorgehen eingeführt. Sie bekam das Sie-gel von Morech, das sie jeden Nachmittag in die Hand nehmen und voller Vertrauen um die Genesung der Mut-ter bitten sollte. Bereits nach zwei Wochen hat sich bei ihrer Mutter eine deutliche Besserung eingestellt und nach einem Monat war die ältere Dame wieder in alter Form.

2. **Calacha**: Siegel in roter Farbe. Wer sich von den Naturärzten an ihn mit der Bitte um Inspiration bei Behandlung von Krankheiten mit Heilkräutern einstellt, dem vertraut Calacha die richtige Therapie an. Besonders bei „austherapierten“ Patienten bewirkt eine von Calacha inspirierte Kräuterkur wahre Wunder. Der Kranke soll sein Siegel in die Hand nehmen, den Namen des Engels dreimal aussprechen und um Hilfe bei der Wahl des Arztes bitten. Wenn kein Name im Gedächtnis auftaucht, spricht man langsam ein paar Namen aus und sobald ein innerer Druck auf einen der Namen fällt, können wir sicher sein, dass Calacha ihn empfiehlt und ihn beim Besuch auch inspirieren wird.
3. **Camarion**: Siegel ist rot. Er ist ein Spezialist bei allen disharmonischen Prozessen im Körper, der Seele und dem Geist. Nach wiederholten Verbindungen mit ihm, stellt er die gewünschte Harmonie wieder her.
4. **Alpaso**: Siegel ist braun. Er beschützt die Drogensüchtigen vor Unglücken aller Art. Aus allen, verschiedenen Gefahrenlagen kommen sie glimpflich heraus. Sein Siegel soll man bei sich tragen.
5. **Kirek**: Sein Siegel ist braun. Er ist ein Vermittler des langen Lebens. Wer lange leben will und sich gesundes, hohes Alter wünscht, soll den Kontakt zu Kirek halten und sein Siegel bei sich tragen. Er hilft auch bei Schnitt- und Stichwunden und an Tagen großer Hitze.
6. **Karasa**: Sein Siegel ist braun. Er ist seit Urzeiten ein sehr bekannter Engelarzt. Chirurgen stehen unter seiner besonderen Obhut. Falls eine Operation bevorsteht, sollte Karasa mit Siegel in der Hand angerufen und um Beistand gebeten werden. Er ist auch Meister der Diagnose.

Vor dem Arztbesuch sollte Karasa gebeten werden den untersuchenden Arzt zu der richtigen Diag-nose zu inspirieren.

7. **Hyrmiua**: Sein Siegel ist braun. Er ist ein mächtiger Heiler von Geisteskrankheiten. Er beherrscht den ganzen Bereich psychiatrischer Erkrankungen. Beim Siegelkontakt mit Hyrmiua wird der Krankheitsverlauf abgemildert und der Kranke beginnt wieder voll in die Realität zurückzukehren.

8. **Notiser**: Das Siegel ist braun. Er heilt nicht nur altersmäßige Gedächtnisstörungen, sondern auch verminderte Aufnahmefähigkeit des Verstandes bei Schulkindern. Er schärft den Intellekt, stärkt das Gedächtnis und erweitert die Verstandeskräfte.

Einmal besuchte mich ein Pädagoge mit seinem Sohn, der wachsende Schwierigkeiten beim Lernen und Aufpassen in der Schule bekam. Sein Vater meinte sogar, dass er sitzen bleibt. Die Eltern von „*Achim*" hatten einen Rosenkrieg hinter sich und ließen sich scheiden. Ich erklärte dem Vater den Heilungsvorgang mit Engeln und beide, auch der Sohn, wollten es mit Notiser versuchen. Achim trug das Siegel bei sich in der Schule und beide haben gemeinsam morgens und abends den Engel um Hilfe gebeten. Am Schuljahresende gehörte Achim zu den zwei besten Schülern der Klasse und wie ich später erfuhr, war er beim Abitur der Klassenbeste.

9. **Nogah**: Siegel ist grün. Er ist ein erfolgreicher Engelarzt bei Unfruchtbarkeit der Frau und bei Zeugungsschwierigkeiten des Mannes. Ehepaare, die mit seinem Siegel in der Hand um Hilfe bitten, haben im Regelfall bereits alle medizinischen Versuche, ohne Erfolg, hinter sich. Die mir bekannten Frauen, die mit dem

Siegel des Engels Nogah in der Hand, morgens und abends um Hilfe gebeten haben, bekamen ihr gewünschtes Kind ohne jeglichen Schaden an ihrer Gesundheit.

Ein Bekannter von mir hat mir seinen Schwiegersohn geschickt, der laut medizinischer Diagnose einen Schaden an der Wirbelsäule im Sakralbereich hätte und darum operiert werden sollte, um seine Zeugungsfähigkeit wieder herzustellen. Bernd, der Schwiegersohn, konnte sich für eine Operation nicht entscheiden. Er bekam das Siegel von Nogah und hat hingebungsvoll um Hilfe gebeten. Kurz darauf wurde seine Frau schwanger und gebar einen prächtigen Jungen. Ein Jahr später bekam das junge Ehepaar ihr zweites Kind.

10. **Istaroth**: Siegel in grün. Er ist als Beschützer der Treue bekannt. Vor einigen Jahren besuchte mich Frau „*Elisabeth*“, eine Dame in besten Jahren, und mit schluchzender Stimme erzählte sie mir ihr Schicksal. Ihr Mann hatte einen gut bezahlten Posten in der Wirtschaft, pflegte aber auch Kontakte zu schönen, jungen Frauen. Eines Tages kam er zur gewohnten Zeit nach Hause – jedoch nicht allein – sondern mit seiner charmanten Sekretärin. Zu Elisabeth sagte er kurz im Befehlston: Ab heute schläfst du auf dem Kanapee in deinem Zimmer. Du wirst für „*Cindy*“ und mich kochen, die Wäsche waschen und bügeln. Wenn es dir nicht passt, kannst du das Haus verlassen! Ich habe ihr vom Engel Istaroth erzählt und ihr das Siegel gegeben. Weil sie keinen Aus-weg aus ihrer Lage sah, war sie mit der Kontaktaufnahme zu dem Engel einverstanden. Nach kurzer Zeit bekam die Sekretärin einen starken Rheumaschub und musste in eine Spezialklinik eingeliefert werden. Der untreue Gatte entschuldigte sich bei seiner Frau und versprach erneut „Ewige Treue“.

11. **Adae**: Das Siegel in rot. Ist ein mächtiger Beschützer der Familie. Er sorgt für die Entwicklung und den Erhalt der Liebe zwischen den Eltern und Kindern, zwischen den Geschwistern und Eltern. Er löst jeden Zwist und jede Spannung zwischen den Familienmitgliedern. Auch bei juristischen Auseinandersetzungen in erbschaftlichen Angelegenheiten bringt Adae den Familienfrieden zurück.

12. **Ugefor**: Siegel in rot. Er verhilft zu außerordentlichem Gedächtnis und tiefen, schnell aufnehmendem Verstand. Während des Studiums habe ich an der Uni einen freundlichen Studenten kennengelernt, der über ein phänomenales Gedächtnis verfügte. Als Studenten glaubten wir, er wäre auf eine sensationelle Lernmethode gestoßen und hätte uns alle im Lernen abgehängt. Er las z. B. ein Buch durch und konnte computergenau den Text auf jeder Buchseite, mit Punkt und Komma wiedergeben. Er sagte uns, dass sein Vater, der ein Theologe war, ihm einen Engel besorgt hätte, der über sein Gedächtnis wacht. Wir haben es als Witz abgetan. Nach Jahren sind wir uns bei einer Tagung zufällig wieder begegnet. Er war ein bekannter Uniprofessor – und ich fragte ihn nach dem Namen seines Gedächtnis-engels. Er antwortete lächelnd: Es ist der Engel Ugefor mit rotem Siegel!

13. **Amillee**: Siegel in rot.. Ist ein Engel, der vor ansteckenden Krankheiten schützt. Wer seinen Namen ruft und sein Siegel bei sich trägt, bleibt vor Epidemien und anderen ansteckenden Krankheiten verschont. Nach Verbindung mit ihm, teilt er auf dem Wege der Intuition die wirksamen Schutzmaßnahmen und die Methoden der Vorbereitung der Abwehrkräfte mit.

14. **Sipillipis**: Siegel in rot. Er ist ein Engelfürst, der alle Wunder der Heilung durch Erweckung und Anwendung der Macht des Glaubens und der Überzeugung vollbringt. Weil viele die Gewohnheit haben, bei kleinster gesundheitlicher Störung, sofort den Weg zum Arzt zu nehmen, geben sie dem Organismus keine Chance, die eigenen Abwehrkräfte einzusetzen. Der Engel Sipillipis lehrt uns, wie wir das eigene unerschöpfliche Reservoir an Heilkraft erwecken und nutzen sollen.

In der weiteren Familie haben wir einen Verwandten, der an Lungenkrebs erkrankte. Zur Zeit der Diagnosestellung war er 30 Jahre alt, ein ständiger Raucher und Biertrinker. Alleine dem ärztlichen Verstand hatte er getraut und ließ mit sich alles machen, was die Krebsspezialisten vorschlugen. Sein Krebs hat jedoch metastasiert und ihm wurde klar, dass in seinem Fall eine Heilung nicht mehr möglich ist. Eine ihm bekannte Frau, die von ihrem Krebs vom Engel Sipillipis geheilt wurde, hatte ihm von diesem Engel erzählt und er nahm von ihr das Siegel des Engels. Gleichzeitig wurde er in die Heilmethode durch Glauben und Überzeugungskraft eingeführt. Bereits nach drei Wochen ist seine Lebenskraft angestiegen und durch die neu erweckte Hoffnung konnte er noch intensiver an seinen positiven Suggestionen arbeiten. Nach zwei Monaten wurden keine neuen Metastasen mehr festgestellt, die alten haben sich verkleinert. Diese ärztliche Mitteilung hatte ihn noch stärker beflügelt und sein Glaube an die vollständige Genesung ist kräftig angestiegen. Heute steht er wieder in seinem Beruf, ist gesund und hat eine eigene Familie gegründet. Die Verant-wortung für sein Leben steht ihm ins Gesicht geschrieben: er raucht nicht mehr, trinkt kein Bier und ernährt sich vegetarisch.

15. **Geriola**: Das Siegel ist blau. Er ist ein Engel, der die Aufmerksamkeit der Menschen auf die Innenschau lenkt.. Aus dem Nichtwissen von den in uns ruhenden Kräften, entsteht nach seiner Lehre, die Unfähigkeit sich selbst zu heilen. Durch die Verbindung mit Geriola entdecken wir in unserem Wesen eine ganze Welt von übersinnlichen Mächten.

16. **Namalon**: Das Siegel ist blau. Er ist der bekannteste Beschützer aller Nervenkranken. Er sorgt dafür, dass die Leidenden an Veitstanz, den Epileptikern, Mondsüchtigen, Manischen und dergleichen mehr, während der akuten Krankheitsphase nichts Böses zustößt. Der Kranke selbst oder ein Elternteil über das Siegel und die Bitte, den Engel auf die kranke Person aufmerksam machen.

17. **Echagi**: Sein Siegel ist blau. Er ist ein mächtiger Heiler. Seine Zuständigkeit erstreckt sich auf alle rätselhaften Krankheiten, für die noch keine Diagnose steht oder die Therapie noch nicht gefunden wurde. Der Kranke selbst oder jemand von seinen Bezugspersonen, sollen das Siegel von Echagi aufmalen, bei sich tragen und den Engel immer wieder um Genesung bitten.

18. **Trapi:** Siegel ist schwarz. Er ist ein Engel, der Enttäuschungen und plötzliche Unglücksfälle verhindert. Sind sie bereits eingetreten, lässt er sie leichter tragen.

„*Arnold*", ein Medizinstudent, wurde durch einen Motorradunfall schwer verletzt. Von der Mitte des Körpers nach unten verlor er die Gewalt über den Körper und wurde an den Rollstuhl gefesselt. Er unterbrach sein Studium und zog sich in seine Privatsphäre zurück. Mehr aus Verzweiflung, als aus Überzeugung, begann er den Engel Trapi um Hilfe zu bitten. Er bekam den Lebensmut zurück, begann ein anderes Fach zu studieren und trotz seiner Behinderung ist er tüchtig im Beruf und lebt mit seiner Frau in Wohlstand.

19. **Lotifar**: Sein Siegel ist schwarz. Er ist ein Retter des Lebens bei Menschen, die Suizid begehen wollen. Durch die innere Stimme lässt er den potenziellen Selbstmörder wissen, dass sich das irdische Leben durch nichts ersetzen lässt. Die schweren Zeiten dienen der Geistesschulung und der Ausbildung des Willens. Wer sich umbringt, vergrößert sein Leiden in der anderen Dimension. Auch hier können die Bezugspersonen das Siegel für den Gefährdeten bei sich tragen und für ihn um Hilfe bitten.

20. **Nearah**: Sein Siegel ist blau. Er beherrscht vollkommen die Zahnheilkunde. Zu seiner exklusiven Leistung gehört das Herausfallen schadhafter Zähne und das Herauswachsen neuer Zähne, unabhängig vom Alter. Der Patient soll das Siegel bei sich tragen und seine Bitte Nearah häufiger aussprechen.

21. **Emzhebyp**: Sein Siegel ist silberfarben zu zeichnen. Er ist ein Heiler aller Krankheiten, die durch Mondeinflüsse entstehen, wie Mondsucht, Epilepsie und Menstruationsstörungen.

22. **Emnymar:** Sein Siegel ist silberfarben. Er überwacht auf persönlichen Wunsch die Schwangerschaft und sorgt für eine problemlose Entbindung.

23. **Mahasiah**: Sein Siegel ist gelb. Er ist auf Heilung von unheilbaren Krankheiten spezialisiert. Er erweckt einen starken Glauben an die eigene Genesung und gibt Kraft zur Überwindung der Mutlosigkeit.

24. **Aladiah**: Sein Siegel ist gelb. Bei Anrufung mit dem Siegel in der Hand, schützt er vor disharmonischen Einflüssen. Außerdem nennt er auf dem Weg der Intuition die Ursache einer Erkrankung. Zur Überwindung der

Krankheit, schickt er auf dem gleichen Weg, den Namen der Therapie.

25. **Jezalel**: Sein Siegel ist gelb. Allen, die mit ihrer geistigen Verfassung unzufrieden sind, verhilft Jezalel zu einer fabelhaften Schlagfertigkeit, zu exzellenter Auffassungsgabe, zu klarem Verstand und gutem Gedächtnis und das unabhängig vom Alter.

26. **Leuviah**: Sein Siegel ist gelb. Er sorgt für ein ausgezeichnetes Gedächtnis und eine reife Urteilskraft. Begangene Fehltritte hilft er schnell auszugleichen.

27. **Omael**: Sein Siegel ist gelb. Wer sich unter seine Obhut begeben hat, bleibt von jeder Not und jedem Trübsal verschont. Dazu soll man sein Siegel bei sich tragen und regelmäßig, besonders morgens, an ihn denken.

28. **Jelahiah**: Sein Siegel ist gelb. Er besitzt die Macht, Taube hörend, Blinde sehend und Irrsinnige von ihrem Zustand zu befreien. Auch hier muss das Vertrauen und der unerschütterliche Glaube den eigenen Geist vorbereiten.

Die hier aufgezählten Heilengel stehen seit Jahrtausenden der leidenden Menschheit zur Verfügung. Sie wurden durch das mentale Wandern von alten Weisen entdeckt und wurden gebeten, ihren Namen und das Siegel offenzulegen und sie versprachen allen zu helfen, die sich an sie wenden. Wie ich bereits erzählt habe, haben sie einen festen Platz in der Kabbala und anderen hermetischen Richtungen. Demgegenüber brauchen Engel, die im Dienste der Kirche tätig sind, keine Anrufung durch ihren Namen. Sie haben sich verpflichtet den Gläubigen in allen ihren Nöten zu helfen. Eine stark aufgeladene Bitte um Erhörung durch die Engel reicht aus, um einen Heilengel, der auch anonym bleibt, für uns zu beanspruchen.

Kapitel V Lebenshilfe von spezialisierten Engeln.

Die Engelwelt steht zu allererst für die Unterstützung der Menschheit bei Verwirklichung ihrer spirituellen Zielsetzung. Die Engel verstehen jedoch auch gut – ähnlich den missionierenden Kirchen, die sich immer stärker um das irdische Wohl der Menschen kümmern - dass irdische Sorgen einen bedrückten Menschen geistig lähmen und ihn von seinem spirituellen Ziel ablenken können. Darum helfen die Engel gerne, die irdischen Sorgen zu lindern und auch Wünsche zu erfüllen, die nur indirekt mit Spiritualität zu tun haben. Ich gebe nun die Engelnamen und ihre Siegel durch, die einem gerne bei irdischen Sorgen beistehen und in jeder Hinsicht helfen.

1. **Ecdulon**: Sein Siegel ist rot. Er ist ein Fachengel für die Besorgung der Gunst hochstehender Persönlichkeiten. Er verwandelt auch Feindschaft in Freundschaft.

Herr *Schmidt* wohnt in einem dicht bebauten Viertel einer deutschen Großstadt. Die Gegend ist landschaftlich sehr reizvoll. Die Grundstücke für Einfamilienhäuser jedoch relativ klein. Sein Nachbar, ein Lehrer, fühlte sich durch Kleinigkeiten ständig bedroht und immer wieder reichte er bei zuständigen Behörden der Stadt Klagen gegen Herrn Schmidt ein. Zweimal kam es zum Prozess und in beiden Fällen verlor der streitbare Nachbar. Ich habe Herrn Schmidt das Siegel von Ecdulon vorgeschlagen und ihn in die Theologie der Engel eingeführt. Er selbst und unterstützend auch seine Frau, haben jeden Abend Ecdulon um Hilfe gebeten und sein Siegel im Wohnzimmer an der Wand angebracht. Nach zwei Wochen haben sich zuerst beide Hausfrauen miteinander versöhnt und die Männer grüßten sich. Nach gegenseitigen Besuchen fanden beide Familien Sympathie für einander und nun leben sie in Freundschaft.

2. **Lurchi**: Sein Siegel ist rot. Er zeigt, wie man zu Reichtum gelangt. Auch hier ein Beispiel seines Wirkens. In zwei Fällen von deprimierten Geschäftsleuten, die sich Lurchi anvertraut haben, habe ich beobachtet, wie sich ihre geschäftliche Lage schnell gebessert hatte. Ihre Persönlichkeiten strahlten Selbstsicherheit und Überzeugungskraft aus. Das Siegel von Lurchi tragen sie ständig bei sich.

3. **Aspadit**: Sein Siegel ist rot. Es ist eine Intelligenz, die Wetten gewinnen lässt und Glück beim Spiel und in Wettbewerben bringt. Sein Siegel solle man stets bei sich tragen.

4. **Nascela**: Sein Siegel ist rot und gehört zu den Engeln, die zum schriftstellerischen Talent verhelfen. Auch hier sollte man sein Siegel bei sich tragen, an sein Talent glauben und täglich eigene Gedanken und Ideen zu Papier bringen.

5. **Bekaro**: Sein Siegel ist rot und ist in Rechtsangelegenheiten und Wiederherstellung der Gerechtigkeit behilflich. Mit ihm lassen sich gerechte Prozesse wesentlich leichter gewinnen. Sein Siegel sollte man bei den Verhandlungen bei sich tragen.

6. **Faluna**: Das Siegel ist grün. Er ist ein menschenfreundlicher Engel, der rasch zu Wohlstand verhilft.

Achim, ein unruhiger Mann, der im Leben schon vieles probiert hat, aber der erhoffte Erfolg sich niemals einstellte, begann mit dem Siegel von Faluna, direkt um Reichtum zu flehen. Sein alter Freund, ein Italiener, hat ihm eine Eisdiele zum Kauf angeboten, weil er aus

Altersgründen in den Ruhestand gehen wollte. Achim hat sich für das Projekt sehr erwärmt und absolvierte einen Kurs für Eisverkäufer, organisierte sich das Geld, kaufte die Eisdiele und begann Eis zu verkaufen. Der finanzielle Erfolg kam auch für ihn überraschend schnell. Heute lebt er im eigenen Haus. In den Wintermonaten erholt er sich auf den sonnigen Inseln im Pazifik.
7. **Pafessa:** Das Siegel ist grün. Er verhilft jedem die berufliche Lage zu verbessern. Wenn jemand beispielsweise einem selbstständigen Beruf nachgeht, hilft Pafessa seinen Kundenkreis in kurzer Zeit bedeutend zu vergrößern. Er schützt auch sein Eigentum und seine ganze Habe.
8. **Eneki:** Sein Siegel ist braun. Er ist ein hoher Fachmann in der Kunst der Weissagung. Nach Wunsch hilft er, die Zukunft aus der Hand oder der Schrift zu lesen, eine Charakter- und Persönlichkeitsanalyse aus dem Gesicht abzulesen. Bei seinen Schülern entwickelt er die Fähigkeit der Intuition, so dass ein einziger Blick auf eine Person ausreicht, um ihre Zukunft präzise vorauszusa-gen.

Herr Gardner wollte immer schon mit der Chirologie seinen Lebensunterhalt bestreiten. In seinem Interessenthema hat er sich eine breite Buchpalette angeeignet und entsprechende Kurse belegt. Von seiner Wahrsagekunst konnte er neun Jahre lang ziemlich mäßig leben. Dann hatte er mit Eneki Kontakt aufgenommen, täglich auf ihn geübt und sein Siegel in den Anzug eingenäht. Sein Kundenkreis hat sich von Tag zu Tag vergrößert. Seine Beratungen wurden treffsicherer. Beim kurzen Anblick einer Person konnte er nicht nur von ihrer Vergangenheit erzählen, sondern auch ganz exakt auf ihre aktuellen

Leiden oder Krankheiten hinweisen. Vor Kunden konnte er sich kaum noch retten. Eneki hatte ihn auf den Gipfel der Hellsichtigkeit geführt.
9. **Emfalion**: Sein Siegel ist silberweiß. Er ist ein Fachengel für gesunden Körperbau, für ein interessantes und anziehendes Gesicht, faszinierendes Augenlicht und für eine Jugendfrische bis ins hohe Alter, ohne Krankheiten und Gebrechen.
10. **Abbetira:** Sein Siegel ist goldfarbig. Er führt die Persönlichkeit zur Macht zu Ansehen und zu irdischen Gütern. Wir müssen aber auch ergänzend bemerken, dass Macht, Reichtum und irdische Karriere nicht im Bereich des Lebensziels eines Menschen liegen und oft unserer Berufung im Wege stehen.
11. **Yraganon**: Sein Siegel ist braun. Wer sich in geschäftlichen Angelegenheiten an Yraganon vertrauensvoll mit der Bitte wendet, um zu Erfolg, Reichtum und Ansehen zu gelangen und sein Siegel bei sich trägt, sich mit ihm täglich in Gedanken verbindet, wird sicherlich von ihm erhört.
12. **Iserag**: Sein Siegel ist braun. Er wird in den Fachkreisen als „Glücksbringer der Menschheit" verehrt. Zu seinem Gebiet gehören die Börsen, Spekulationen mit Wertpapieren, Gewinnspiele und Wettbewerbe. Seine Verehrer entschädigt er mit Gewinnen und Reichtümern. Hinter den großen Vermögen, die in kurzer Zeit entstanden sind, steht meistens die Gunst dieses Engels.
13. **Naniroa**: Sein Siegel ist braun. Die Vorsehung hat ihm das Amt des Behüters des menschlichen Eigentums anvertraut. Er ist zuständig für den Schutz vor Naturkatastrophen, vor Blitzschlag, vor Feuer, Gewitter und vor Überschwemmungen. Wer in gefährlicher Gegend lebt,

und wohnt, kann sich sein Siegel besorgen und mit ihm Kontakt aufnehmen. Er schützt auch vor Diebstahl und Einbruch. Sein Siegel sollte im Inneren des Hauses an der Ostwand angebracht werden.

14. **Kofan**, Siegel in Rot, hat die Kraft von Gott erhalten, dem Menschen, der sich an ihn wendet, alle positiven Wünsche zu erfüllen und schlechte Lebenslage in gute zu verwandeln. Wer sich vertrauensvoll und mit aufrichtigem Herzen an Kofan wendet, den inspiriert er aus jeder ungünstigen Lage herauszukommen.

15. **Hillaro:** Siegel ist blau; ist mit der Aufgabe betraut, alle Rechtsangelegenheiten gerecht abzuwickeln. Wer sich in diesen Angelegenheiten mit Hillaro verbindet, kann vor dem Gericht mit Erfolg rechnen.

16. **Gezero**: Sein Siegel ist blau. Er ist ein Erwecker des Gewissens. Wenn Eltern mit ihren heranwachsenden Kindern Sorgen haben, weil sie auf die schiefe Bahn abrutschen, können sie sich mit Gezero verbinden und um Hilfe bitten. Er wird bei den jungen Menschen sicherlich das Gewissen erwecken und die Vernunft walten lassen.

17. **Kiliosa**: Sein Siegel ist schwarz. Er hat den Auftrag, Menschen, die in allergrößte Gefahr geraten sind, sofort Hilfe zu leisten. Sein Siegel sollte mit der Hand in die Luft gezeichnet und gleichzeitig sein Name im Geiste ausgesprochen werden.

18. **Asturel**: Sein Siegel ist violett. Er ist ein Engel der göttlichen Barmherzigkeit. Durch seine liebevolle Ausstrahlung lindert er das negative Schicksal und weckt Hoffnung auf baldige Auflösung der Schwierigkeiten.

19. **Altono**: Sein Siegel ist violett. Er hat ähnliche Aufgaben wie Asturel. Er hilft den Entrechteten, unschuldig Verfolgten und Eingekerkerten, zu ihrem Recht zu

kommen. Er weckt die Hoffnung, hilft negative Gefühle zu überwinden und bei Übeltätern weckt er das Gewissen. Wer sich in einer schwierigen Lebenslage befindet, kann mit Hilfe von Altono, dem „Pflichtanwalt“ der Verfolgten rechnen.

20. **Alagill**: Sein Siegel ist blau. Sein Spezialgebiet ist der berufliche Erfolg, besonders im Kunstgewerbe. Er sichert den finanziellen Erfolg, oder bei materiellen Schwierigkeiten besorgt er eine schnelle Hilfe.

Bernd ist ein begabter Grafiker, aber seine Finanzen reichen nicht für die Ernährung der Familie aus. Nach drei Jahren in Frust, bekam er das Siegel von Alagill und wurde in den Umgang mit Engeln eingeführt. Plötzlich kam er auf die Idee es mit der Kunstfotografie zu versuchen. Seine Werke waren hervorragend und sein Onkel, der im Ausland wohnt, besorgte ihm eine Ausstellung, mit Presse und illustren Experten. Die Fachwelt kaufte seine Werke, hat seinen Namen bekannt gemacht, und immer wieder wird er zu Ausstellungen eingeladen. Nun besitzt er ein eigenes Atelier und ein Haus und denkt immer wieder – voller Dankbarkeit – an den Engel Alagill.

21. **Siria**: Sein Siegel ist blau. Er ist ein Engel, der zu Reichtum, Wohlstand und Ansehen verhilft. Das Siegel sollte man bei sich tragen.

Kristi war 23 als ihr klar wurde, was sie alles vom Leben erwartet. An erster Stelle wollte sie Wohlstand. Sie bekam das Siegel vom Engel Siria mit einer kurzen Einführung in den Umgang mit Engeln. Nach zweiwöchiger Übung, bekam sie eine Einladung zu ihrer Tante nach Kalifornien. Die Tante besorgte ihr einen befristeten Job im Verkaufsbetrieb mit deutschen Fahrzeugen. Unterstützt von ihrer Firma bekam sie die Aufenthaltsgenehmigung und nach zwei weiteren Jahren wurde sie Chefin der ganzen Firma. Nun lebt sie in Wohlstand, aber das Engelsiegel trägt sie – eingenäht in ihr Arbeitskleid – immer noch.

22. **Amzhere**: Sein Siegel ist silberfarben. Er ist ein Vorsteher in der Mondsphäre. Er hat die Macht, Feindschaften in Freundschaften zu verwandeln und überall, wo das gewünscht wird, weckt er Liebe und Sympathie. Sein Siegel sollte man ständig bei sich tragen.

23. **Hakamiah:** Sein Siegel ist gelb. Er ist ein Genius der Merkursphäre. Er hilft zu Reichtum, Ruhm und Eh-ren zu gelangen und die Zuneigung der Frauen und ihre Liebe zu gewinnen.

24. **Jeiaiel:** Sein Siegel ist gelb. Er ist ein Engel, der zu Reichtum und Berühmtheit verhilft. Er sichert den bereits erreichten Erfolg und schützt vor Unglücksfällen.

25. **Haaiah**: Sein Siegel ist gelb. Er ist der Genius der Gerechtigkeit. Wer mit ihm in Verbindung steht, gewinnt jeden gerechten Prozess. Außerdem verhilft er im Bereich der Diplomatie zu einer hohen Karriere.

26. **Seeiah**: Sein Siegel ist gelb. Er hat die Macht, heftige Gewitter, gefährliche Stürme und große Feuerbrände zurückzuhalten. In Kriegszeiten kann er ganze Städte vor Zerstörung bewahren.

27. **Lehahiah**: Sein Siegel ist gelb. Er beschützt vor Stürmen und Überschwemmungen. Auch auf dem Wasser kann er angerufen werden und das stürmische Meer beruhigen.

Zum Schluss noch eine kurze Bemerkung: Die in diesem Buch angegebenen Engelnamen verdanke ich dem Werk von ***Franz Bardon***; *„Die Praxis der magischen Evokation*“, das im H. Bauer Verlag 1956 in Freiburg erschienen ist. Nach jahrelanger Arbeit mit den Kontakten zu den Engeln, habe ich mich entschieden, aus einer großen Flut von Namen und Siegeln diejenigen Engelpersönlichkeiten hier anzugeben, die aus meiner begrenzten Perspektive, bei jedem Besuch bei ihnen und bei jeder Anrufung freundlich reagierten, immer einsatzbereit waren und mich nie enttäuscht haben.

Kapitel VI Was erwarten die Engel von uns?

a. Wir sollen positiv denken.

Vor dem Wirken der Engel und vor der Macht der Gebete stehen die lenkenden Kräfte unserer Gedanken. Sie sind die entscheidende Schicksalsmacht im Leben. Unserem geistigen Trachten geben die Gedanken den Sinn, wenn sie die Wahrheit entschleiern. Sie führen uns in die Heimat hinauf, wenn sie Weisheit vermitteln. Sie werden jedoch zum Fluch, wenn sie die Wahrheit verschleiern, wenn sie die Verbannung vom Heimatort erklären, wenn sie die Dummheit als Weisheit anbieten. Wir sind zwar mit der Denkfähigkeit auf die Welt gekommen, aber das richtige Denken ist keine Selbstverständlichkeit. Denken ist Gegenstand der Bildung und lebenslanger Erziehung. Von der Qualität des Denkens hängt das Wohl der Völker und der Menschheit ab. Seit Urzeiten bemühen sich die Weisen dem Denken auch moralische Grenzen zu setzen. Dieses Bemühen erwächst der Erfahrung, dass im Denken auch das Böse lauert. Bevor das Böse die Realität überfällt, manifestiert es sich im Denken. Das Anlegen straffer Zügel an die Denkprozesse lenkte den denkenden Geist auf die Einhaltung positiver Ziele menschlicher Natur. In dieser Bedeutung sollte das Denken positiven Zielen dienen und damit auch selbst positiven Charakter besitzen.

Die Norm, „du sollst positiv denken“, das heißt, du sollst dein Denken im Rahmen der guten Strebungen deiner Natur bewegen, zielte auf die Befreiung des Denkens vom Terror der Leidenschaften, Gefühle und Stimmungen. Die Religionsstifter und Philosophen haben verstanden, dass die negativen Gedanken, die das Böse zeitigen, von negativen Gefühlen durchtränkt und verfärbt sind. Das Böse würde primär nicht in den Gedanken lauern, sondern in den Entstehungszentren der Dränge, Triebe, Affekte der niederen Natur. Gedanken, die unter dem Druck dieser Atmosphäre entstehen, besitzen keinen objektiven Erkenntniswert und entschleiern auch nicht die Wahrheit. Sie charakterisieren einen abhängigen Verstand, der sich von den Naturkräften des Leibes und der Psyche noch nicht abgesetzt hätte. Dahinter versteckt sich auch der stille Vorwurf, dass diese Persönlichkeiten zu wenig ihren Verstand pflegen und zum richtigen Gebrauch des Denkens noch nicht herangewachsen sind. Auch ihre Emotionalität wäre noch nicht erzogen worden. In diesem Zusammenhang würde der Aufruf zum positiven Denken dem Ratschlag gleichkommen, die negativen Stimmungen willentlich zu beherrschen und den Verstand auf objektive Sachverhalte zu lenken.

Die Aufforderung zum positiven Denken ist mittelbar an die Wahrheitspflicht der denkenden Person gerichtet. Um wahrheitspflichtig zu denken, darf die Realität nicht unter einer verfälschenden Brille betrachtet werden, sondern mit gesundem und geschultem Geist. Damit wäre der Wahrheitsbezug des Denkens in dieser Norm angedeutet, aber nicht eindeutig vollzogen.

Eine Denkkorrektur wird vor allem von einem Menschen verlangt, der als natürlicher Träger und Gestalter des eigenen Denkens, grundsätzlich das falsche Bild von sich selbst hat und damit seine Auffassungsgabe blockiert und Denken über sich in emotionalen Stimmungen ertränkt.

Hier stellt sich spontan die Frage, wann ein Mensch wahrheitsgemäß von sich positiv denkt? Reicht es aus, wenn wir mit Beherrschung negativ verfärbter Stimmungen und in Übereinstimmung mit den logischen Gesetzen des Denkens zum verordneten Ziel gelangen? In Anwendung des Denkens an die Erforschung der menschlichen Natur, sind die Kabbalisten mit dem Denken erst dann zufrieden, wenn es das göttliche Überselbst – die *Neschamah* – entschleiert hat. Das wäre die Erfüllung der Forderung der Positivität an das anthropologische Denken. Das Selbst vereinigt alle die positiven Eigenschaften in sich, die – wenn der Mensch sich als Neschamah erkannt hatte – einen Rückfall in die Negativität des Denkens für alle Zeiten ausschließen würden.

Der kabbalistischen Lehre nach ist der Mensch ein Vier-Elemente-Wesen, wie Gott selbst und darum wird ihm die Gottähnlichkeit zugeschrieben. Das uralte Ideal der wissenden Menschen gipfelte in der Verwirklichung der Einheit aller vier Elemente. In dieser Tradition lag die höchste Wahrheit vom Lebensziel und von Lebenssinn in der Einswerdung mit Gott. Das war der Terminus der Positivität des Denkens. Somit lag in der Aufforderung, sich als Gott zu denken, die höchste Stufe des positiven Denkens.

Die Imaginationsübungen der Kabbala, die zur Einheit mit Gott führen, haben wir bereits vorgetragen. Positiv zu denken bedeutet somit sich selbst als Gott zu denken.

Um diesen Zustand auch zweifelsfrei zu verwirklichen, brauchen viele die Hilfsbereitschaft der Engel. Die ist wiederum an Bedingungen geknüpft.

b. Mit Engeln verwandt.

Die Welt der Engel (Jezirah) traditionell „Astralwelt“ bezeichnet und im Volksmund als Jenseits bekannt, ist auch die Welt der Seele. Wir teilen sie mit den Engeln, weil die Astralmaterie den Feinstoff bildet, aus dem die Hülle der Seele und der Engel besteht.

Zwischen den Engeln und den Seelen besteht keine Fremdheit der äußeren Naturen. Wenn wir das Leben der Seele als Maßstab für die Beziehungen zu den Engeln anlegen, dann gibt es im Universum keine getrennte Engelsphäre, die wir als Seele nicht persönlich kennengelernt hätten. Seit Jahrtausenden stehen wir in freundschaftlichen Beziehungen zueinander. Wir kennen ihre Aufgaben und Bedürfnisse und sie unser wechselhaftes Schicksal auf der Erde und im Himmel. Sie kennen alle Siege und Niederlagen in unserem mühevollen Befreiungskampf. Mit den Engeln gehören wir zu einer unendlich großen kosmischen Familie rational begabter Wesen.

Das Gefühl, dass wir und die Engel Geschwister wären, kommt noch aus den alten Zeiten vor unserer Entscheidung einen materiellen Körper anzunehmen, ihn zu entwickeln und zu weissen. Aus der Engelfamilie wurden wir nicht mit Gewalt ausgeschlossen, als Strafe für eine mythische Rebellion gegen Gott und in die Materie gestürzt worden. Die Engelfamilie haben wir freiwillig verlassen und sind in eine fremde Welt des Vergehens und Leidens eingezogen, um uns das vierte Element – die Erde – anzueignen und somit die Gottgleichheit zu verwirklichen. Statt jedoch gemäß dem ursprünglichen Vorhaben treu zu bleiben, begannen wir, die uns fremde Welt der Materie zu kolonialisieren und zu zivilisieren. Wir wählten sie zu unserer neuen Heimat. Diese Abirrung entfernt uns mit jeder Inkarnation immer weiter von unserem anfänglichen Vorhaben. Unsere ursprüngliche Identität mit dem urfeurigen Kern des Selbstes, ersetzen wir mit Vorstellungen, ein tierisches Wesen zu sein und betrachten die Erde als den einzigen Heimatort.

Mit dem fortschreitenden Vergessen unseres Ziel- und Sinnwissens, fallen wir parallel dazu aus der urheimatlichen Gemeinschaft astraler Intelligenzen heraus und bilden ein isoliertes, unwissendes und leidvolles Volk der umherirrenden, blinden Gastarbeiter auf der Kolonie Erde. Statt das Erdeelement in unsere Geistnatur zu integrieren, raubt uns die Erde alle restlichen Geistkräfte und lässt uns stumm und blind in das Urlaubsparadies nach oben ziehen zu unseren beherrschten und weniger risikofreudigen Engelverwandten. Diese Odyssee bildet den Kernpunkt unseres Dramas.

c. Das Reich Gottes im Inneren.

Unser Reichtum liegt nicht im Außen, wo alles verwelkt und zerfällt. Der ganze Reichtum des Menschen liegt im Inneren. Diese Wahrheit ist Gegenstand der uns begleitenden Aufklärung seitens der großen Seelen unserer Spezies. Jesus nannte das Innere eines Menschen – das Reich Gottes. Die Aufgabe des Lebens bestünde in der Entfaltung des inneren Reiches bis zu Einswerdung mit der innen wohnenden Gottheit, mit dem göttlichen Selbst. Auch die Fortführung und Erweiterung der Kon-takte mit unseren kosmischen Brüdern und Schwestern – den Engeln – gehört zu Pflege des inneren Reiches.

Die Pioniere des inneren Reiches haben sich in ihren Lehren gegen die Einrichtung eines äußeren Reiches gewandt. Im Abendland waren es nicht nur ***Tertulian*** und seine Anhänger und auch nicht ***Augustinus*** alleine, der die Zivilisation als das Reich des Satans betrachtete. Es waren vor allem die unzähligen Asketen, Wüstenmönche und Mystiker, die der Zivilisation den Rücken kehrten. Für sie alle war das Leben für die Zivilisation das Zeichen des Untergangs der Seele. Wie die römische Religion es auch bezeugte, haben die Römer in der Brust des Menschen den „heiligen Herd" gesehen, in dem die *Hestia* ständig das Feuer anfachte.

Das Urwissen von dem inneren Reiche Gottes in der Brust, haben auch die Engel uns voraus. Das innere Reich Gottes gehört zum Bewusstsein eines jeden Engels. Durch den Körperbesitz, dessen Sinne nach außen gerichtet sind, suchen wir den Lebenssinn im Außen. Durch den Aufbau einer hinfälligen Zivilisation und verflachten Kultur, erhoffen wir uns unbewusst, den Mythos vom verlorenen Paradies als Realität zu erbauen. Dagegen haben die Engel das Reich Gottes dort errichtet, wo es hingehört – im Inneren. Zum Kern ihres Reiches gehört der feurige Urstoff, der vor der Urzeit von der Gottheit ausgestrahlt wurde. Den gleichen feurigen Kern besitzen wir Menschen auch und darum sind wir mit den Engeln Brüder und Schwestern. Und wie wir mit dem Mental- und Astralkörper ausgestattet sind, so ist auch ihr Feuerfunke mit der gleichen Feinstofflichkeit ver-hüllt. Die Engel stellen sich auch unsere Lage richtig vor: der physische Leib friert in uns alles Leben ein und behindert den geistigen Zugang zu unserem feurigen Kern. Die Fälschung, der wir unterliegen, wenn wir unse-ren Leib alleine als das Wesen betrachten, verhindert zu-sätzlich das Erfassen unserer wahren Identität.

Das innere Reich Gottes ist aus diesen Gründen bei den

Engeln vollkommener entwickelt als bei uns. Im Engel leuchten alle Sephiroth in den Farben der Welt Jezirah, und bei uns – in den Lichtstrahlen der Welt Assia. Der Identifikationsprozess mit den Sephiroth ist jedoch auch bei den Engeln nicht abgeschlossen. Darum sind sie nicht allmächtig, besitzen nicht das Allwissen und sind nicht gleichzeitig überall. Weil jedoch ihr Körper ätherisch ist, können sie in Bruchteilen von Sekunden ihre Größe und Erscheinungsform durch Gedankenkraft verändern.

d. Jeder Engel, eine unvergleichbare Individualität.

Dadurch, dass die äußere Hülle bei Engeln aus dem Astralstoff gebildet ist – aus dem gleichen Material wie die Seele bei uns Menschen – besitzen auch sie ein Gemüt und die ganze Skala von Gefühlen und Emotionen. Der Astralleib erzeugt Gefühle, aber die meisten Gefühlswallungen kommen mittelbar vom Mentalkörper als Reaktion auf die Gedanken. Somit haben auch die Engel Probleme mit der Führung ihrer Gedanken und der Formung ihrer Gefühle. Unbestritten bleibt jedoch, dass jeder einzelne Engel eine Individualität ist, die sich im ganzen Universum nicht wiederholt.

Für unseren Verstand, der alles einordnen will, ist es eine echte Schwierigkeit, einen Engel mit Hilfe der Vergleiche zu anderen Engeln zu verstehen. Angesichts ganzer Engelwelten, in denen jedes Einzelwesen individualisiert ist, fehlen uns die Kategorien dafür. Alleine vom Aussehen her gibt es schon keine zwei gleichen Engel.

Die Astralleiber der Engel, die kabbalistisch alle der Welt der Jezirah zugeordnet sind, haben individuelle Feinheitsgrade, denen wiederum die, an sie angepasste

Subzonen der astralen Materie entsprechen. Je mehr sich die Engel verfeinern, desto schneller kommen sie auch in einen höheren „Wohnraum“, d. h. in eine noch elitärere und exklusivere Welt.

Die Engel unterscheiden sich auch hinsichtlich ihrer Machtfülle, ihres Ranges und ihrer Zugehörigkeit zu einer Planetensphäre. Auch von ihrem Wissen und Können her, gibt es keine zwei gleichen Engel. Das Leben mancher Engel gipfelt im ewigen Gesang, Jubel und Triumph. Nicht desto weniger hat jeder Engel, auch der Gesangskünstler, eine ihm zugewiesene Aufgabe. Ihre Herzen sind in Liebe verbunden – jeder hat Freude an der Existenz des anderen. Das klar umrissene Aufgabenfeld der Engel hat, nach der Sicht der Kabbala, seinen Grund in der Zuordnung der Erzengel und der Engelordnungen zu den Kräften ihrer Sephiroth. Eine Verbindung mit den Erzengeln der sephirotischen Sphären, die durch Konzentration und Gebet entsteht, mit der Bitte, aus dieser Sphäre Hilfe zu bekommen, wird der entsprechenden Engelordnung dieser Sephiroth zugeleitet und von dort aus kommt auch die Hilfe zu uns.

Die Forscher der Engelwelten lehnen die Entstehung des manifesten Universums durch einen rein physikalischen Vorgang ab. Sie sind von einer Vermittlung der Engelwelten in allen Entstehungsphasen des Universums überzeugt.. Besonders die Formen der Materie würden von geistigen Wesen stammen. Sie würden die geistige Kraft bilden, die antreibend hinter jeder Manifestation stünde. Das sichtbare Universum hätte damit einen für uns unsichtbaren, geistigen Rahmen, von dem auch alle Impulse zur Entstehung der Lebensformen ausgehen würden.

e. Durch die Stille zu den Engeln.

Wenn wir uns nun die Frage stellen, wer oder was die eigentlichen Verursacher einer Wunschverwirklichung wären – der Engel oder das Gedankenbild – dann müssen wir die entscheidende Ursache beim Gedankenbild suchen. Mit ihrer Kraft verdichten die Engel unsere Bilder, lenken sie auf die astralen Lichtenergien und versuchen auf uns beruhigend einzuwirken. Die effiziente Verwirklichungsmacht, das, was dem Bild die Existenz verleiht, kommt jedoch von uns. Darum betonen wir wiederholt auf diesen Seiten, dass der Sinn einer Aufforderung zum positiven Denken, sich zu allererst auf uns selbst richtet. Wir sollen unser inneres Zentrum von allen Fängen falscher, seichter und lähmender Selbstbilder, die uns von unseren Kräften entfernen, befreien. Gedanken über uns, mit starken emotionalen Kräften aufgeladen, brau-chen zu ihrer Realisation keine Engel. Durch sich selbst werden sie zur Realität.

Der Lebensort der Engel bildet die Welt, zu der wir nach Verlassen des Körpers zurückkehren. Die Engelsphären gehören auch gleichzeitig zu uns. Die astrale Welt ist die Urheimat der Seele. Immer, wenn sich der Körper im Tiefschlaf befindet, verlässt unsere Seele den Leib und zieht sich in die astrale Welt zurück. Wer die Kunst des Mitnehmens der Erfahrungen im außerkörperlichen Zustand beherrscht, registriert auch die aufschlussreichen Gespräche mit unseren Freunden, den Engeln.

Die Weisheitslehren antiker Kulturen haben Meditationstechniken entwickelt, Yogaübungen dargeboten und sogar Ichaustritte eingeschult, die auch bei vollem Bewusstsein die Anwesenheit der Engel in unserem Alltag wahrnehmbar machen. Die erweiterte Wahrnehmungsfähigkeit stellt sich als Folge des Abbaus von Spannungen des Alltags und die Einkehr in die innere Ruhe ein. Das bewusste Erleben der Stille ist ein Hinweis darauf, dass wir im Zwischenreich sind, zwischen den Dingen der Welt und der Astralzone der Engel. Die Zwischenwelt öffnet sich unserem Bewusstsein auch als Folge der Einübung westlicher Entspannungstechniken. Der gewonnene Abstand zu der saugenden Kraft des weltlichen Alltags lässt die sanfte Stille der unteren Ebenen der Astralwelt wahrnehmen.

Die nach Ruhigstellung des Körpers aufkommende friedliche und gelassene Stimmung bildet einen günstigen Raum für Kontakte mit den Elementegeistern und den Engeln der Erdzone. Auch wenn wir sie noch nicht zu Gesicht bekommen, haben die Engel unsere Anwesenheit in der Astralwelt längst bemerkt. Im Schweigen des Alltags und vom Terror des körperlichen Bewusstseins befreit, können wir die Namen der Engel gedanklich aussprechen, deren Hilfe wir brauchen. Die angerufenen Engel lenken ihre Aufmerksamkeit auf uns und nehmen unsere Wünsche auf. Was für uns lediglich ein Zustand der Stille ist, für die Engel ist das ein fester Ort, ein Teil ihrer Heimat. Sie werden auch unser Bemühen, vor ihnen zu erscheinen entsprechend würdigen, weil sie selbst bei Anrufung nicht mehr zu uns zu kommen brauchen.. Der Abstieg herunter in die Enge der Dingwelt und den grauen Nebel materieller Bedürfnisse, ist für die Engel kein angenehmer Ausflug. Außerdem bemerken sie die Wichtigkeit unseres Anliegens, das wir bis über die Grenze hinauf zu ihnen getragen haben.

f. Die Jakobsleiter.

Der Weg der Stille, der uns hinauf zu den Engeln führt und den Engeln den Abstieg zu uns ermöglicht, ist in der Bibel als „Jakobsleiter" bekannt. Sie versinnbildlicht den natürlichen Aufbau unserer menschlichen Natur, die mit ihren höchsten Sprossen den Himmel berührt. Darauf kann unser Bewusstsein von der Erde bis zum höchsten Himmel hinaufsteigen und die Engel bis in die materielle Welt hinabsteigen. Mit unserem Körper steht die Himmelsleiter fest auf dem Boden der irdischen Welt und über ihre feinstofflichen Zwischenstufen der Seele und des Geistes führt sie lückenlos durch die Sphären der Astral- und Mentalwelt (über Jezirah und Beriah) bis in die Aziluth – die Welt der göttlichen Neschamah, des heiligen Selbstes. Somit sind wir selbst – die angeborene, eigene Natur - die Jakobsleiter. Unser Wesen ist graduiert, besteht aus mehreren Welten und ist dafür gedacht, dass wir sie als eine Verbindung zwischen oben und unten benutzen. Die Vision Jakobs ist ein wesentlicher Beitrag zur Selbsterkenntnis des Menschen und vermittelt uns die Wahrheit über das Erreichen des höchsten Himmels aus eigner Kraft: „Ich bin der Weg!" – diese Sentenz bezieht sich auf jeden einzelnen Menschen.

Der Weg zum Paradies steht uns mit den Stufen unserer zusammengesetzten Natur jederzeit offen. Auf unserer „Naturleiter" kommen die Engel zu uns herab, sogar bis zu diesem Ort, wo unser irdisches Bewusstsein durchschimmert. Die Himmelsleiter als die ureigene Verbindung eines jeden Menschen mit seiner höchsten göttlichen Heimat, sollte als das teuerste Naturgut verinnerlicht und täglich benutzt werden. Damit wird uns auch bewusster, dass jeder Mensch die Verkörperung der

Gottähnlichkeit ist und dass auf keinem Abschnitt der Strecke zu Gott zurück, ein Abgrund das weitere Aufsteigen behindern würde.

g. Wer zweifelt, verliert.

Wer sich aus einer Problemlage mit Hilfe der Engel befreien will, muss den schwersten Mühlstein im Zweifel erkennen. Namenlose Menschen, die sich am Anfang ihres Lebens große Ziele gesetzt haben, würden schnell ihren Mut verlieren, wenn sie nicht den unerschütterlichen Glauben an die Verwirklichung ihrer Ziele, in den Alltag mitgenommen hätten. Zweifel ist der gefährlichste Räuber von Lebensglück. Auch die begabtesten Persönlichkeiten lässt er in den Niederungen des Lebens verkommen. Die meisten Menschen überschreiten ihre Mittelmäßigkeit nicht, weil sie mit dem bequemen Zweifel den Schein ihrer Rationalität vor Selbstanklage retten wollen.

Seit den Zeiten von ***Cartesius*** genießt der Zweifel unter den Gebildeten einen guten Ruf. „Wer zweifelt, der denkt“ – weiß eine Volksdevise. Wenn wir jedoch Kontakte nach oben knüpfen und für uns Mächte engagieren wollen, von denen die Wissenschaft nicht einmal zu träumen wagt, brauchen wir einen unerschütterlichen Glauben, der gegen jeden Zweifel resistent ist. Glaube setzt den Besitz einer Fähigkeit zum Denken und Hoffen voraus, der auf den Vorwurf, sich damit zu belügen, taub ist. Glaube zeichnet willensstarke Persönlichkeiten aus, die noch wagen und schweigen können. Sie sind in sich auf eine Kraftquelle gestoßen, die durch den seichten Flugsand gewöhnlicher Meinungen nicht zugeschüttet werden kann. Dass die meisten Verteidiger der Rationalität eigentlich an das Falsche glauben, an das Scheitern und Misslingen ihrer Pläne, an die angebliche Unwahrheit der Existenz von Engelwelten, an die Realität der Sorge und die Notwendigkeit des Tragenmüssens von Leid und Schmerz, fällt ihrem „rationalen" Verstand nicht auf. Wer aus der Welt des Versagens und der Mittelmäßigkeit heraus will, arbeitet täglich an der Festigkeit seines Glaubens. Er weiß auch, dass der Glaube eine Tugend ist, die durch Arbeit an sich selbst und der Überwindung von Zweifeln, gepflegt werden will.

h. Opferbereitschaft und Gebet...

... sichern die Freundschaft mit Engeln. Unsere Kontaktfreundlichkeit mit den Engeln ist nicht immer im besten Zustand. Wer sich durch die Gewalt seiner Triebe bewegen lässt, oder in den Fangnetzen irdischer Pflichten versklavt bleibt, wird auch sein Zukunftstrachten unter das Kommando der Wünsche stellen. Mit den eigenen Seelenwelten und damit mit den Engeln, verbindet uns erst der gereinigte Lebensstrom. Wer eine luftverschmutzte Großstadt mit einem Flugzeug überfliegt, erkennt nicht einmal die Straßenzüge. Der grau-schwarze Dunst behindert die Orientierung. Nicht viel anders ist die Lage eines Engels, der uns vielleicht gehört hat, aber auf unseren Ruf nicht antworten kann. Wie wir es bereits erwähnt haben, sind die Engel nicht hellhörig, nicht allmächtig und nicht allwissend. Die Lage wäre anders, wenn wir durch Reinigung unseres Lebens eine leuchtende Aura bekämen. Die dann von jedem Punkt des Universums aus sichtbar wäre.

Auch wenn sie uns geortet und unser Anliegen verstanden haben, brauchen sie oft eine Auskunft von den

Schicksalsengeln, ob sie helfen dürfen. Falls das uns bevorstehende Leid schicksalsmäßige Begründung hätte, kann ein Engel sich entweder zurückziehen oder mit den Karmarichtern der Saturnsphäre einen Plan erarbeiten, der das eingetretene Leid in freiwillige Opferbereitschaft und Buße umwandelt. Damit werden wir uns anschliessend noch beschäftigen.

Wer nach einer Verbindung mit Engeln sucht und möglicherweise die ersten gescheiterten Versuche schon hinter sich hat, sollte sich die Frage stellen, wie er sich die Aufmerksamkeit eines Engels erwerben kann und vor allem wodurch? Zweitens, wie kann er seinen Willen kundtun?

Die religiöse Tradition beantwortet die Fragen mit dem Hinweis auf das Gebet. Nun wollen wir jedoch nicht die umfangreiche Theologie des Betens aufrollen. Die Gebetsfähigkeit ist allen angeboren und auch der größte „Sünder" kann beten.

Ein Bittgebet in Form eines Notschreis aus der Seele erreicht immer die transzendente Welt. Er wird von der Gefühlskraft der Seele direkt ans Ziel getragen. Nicht einmal der Saturn könnte es verhindern. Wenn ein verzweifeltes Kind den Vater weinend um Hilfe bittet, wird es erhört. Wir haben es hier mit einem Naturgesetz zu tun, das auch im Geistbereich seine Gültigkeit behält. Das Herz und der Gedanke verschmelzen hier zu einer Einheit. Durch die erweckte Aufmerksamkeit der Engelwelt wird auch der Grund für den Notschrei erkannt. Gebete dagegen, die nicht unter einem starken emotionellen Druck entstehen, fehlt die mächtige Zugkraft, um sie ans Ziel der Erhörung zu bringen.

Die Engel sind ihrem eigenen Evolutionsweg verpflichtet.

Zu unseren Dienern gehören sie nicht. Sie wissen es auch zu gut, dass wir uns durch die eigene Vorstellungskraft, innere Reinigung und konzentrierten Willen alle Wünsche selbst erfüllen können. Außerdem sehen wir auch in vielen Gebeten die nackte Gier, die den Menschen vom Himmel abbringt.

Für alles, was die Engel für uns tun oder getan haben, gehört, außer der selbstverständlichen Dankbarkeit, ein Opfer, eine Art Steuerabgabe für außerordentliche Gewinne. Wenn wir es nicht tun, bekommen unsere himmlischen Wohltäter einen Anlass zu sagen, „wie gewonnen, so zerronnen". Das Opfer, was die Engel verlangen, ist ein Gesetz der Güte und der Beteiligung anderer an unserem Glück. Die Form unserer Opferbereitschaft wählen wir uns selbst aus. Für empfangene Güter können wir uns mit der Verpflichtung bedanken, wohltätige Institutionen zu unterstützen, den Gebrechlichen oder Kranken aus der Nachbarschaft eine Einkaufshilfe anzubieten, bei der Heimpflege zu helfen, oder den Einsamen mit unserem Besuch zu erfreuen. Eine aktive Dankbarkeit erzeugt in uns einen Strom, der unsere Gebete noch kraftvoller an die Engel weiterleitet.

Gebete, die von der Intention der Genesung für Kranke an Engel geleitet werden, schützen uns sicher vor egoistischem Missbrauch des Himmels. Mitleid und Selbstlosigkeit im Geben reinigt unsere Herzenskraft und gleicht alle Schulden bei den Engeln aus. Wer die rechten Opfer für die empfangenen Erhörungen bringt, kann bei nachfolgenden Verbindungen mit den Engeln, sicher auf wietere Erfolge hoffen.

i. Das Hadern mit der Zeit.

Haben wir alle Schritte zur Vorbereitung der Engelkontakte gemacht, uns aktiv an die Engel gewandt, unsere Anliegen professionell vorgetragen, dann brauchen wir nur noch die Zeit abzuwarten, in der die Gedankenbilder durch Verdichtung in der Astralsphäre zur Wirklichkeit auf der Erde werden. In dieser Phase des Wartens brauchen wir in der modernen Atmosphäre der nervösen Sofortbefriedigung – Gelassenheit, Ruhe und Geduld. Der Erfolgsglaube darf durch nervöse Zweifel nicht geschwächt werden. Unsere Glaubenskräfte ernähren das entstehende Werk und beschleunigen sein Wachstum. Ein Beispiel der Gelassenheit vermittelt uns der Landwirt, der im Herbst sein Korn dem Boden anvertraut und sich durch Regen Schnee und Frost im Winter nicht aus der Ruhe bringen lässt. Er weiß ganz genau, dass er ernten wird. Sobald unsere Gedankenbilder mit dem feinstofflichen Boden der astralen Welt imprägniert werden, ist die Wende sichtbar vorbereitet. Die Zeit des Wartens bietet die Gelegenheit uns in Ruhe und Stille zu üben.

Kapitel VII Engel im kabbalistischen Lebensbaum.

A. Der Weltenbaum

Der kabbalistische Welten- und Lebensbaum ist die Darstellung des Universums in Diagrammform. Diese Darstellung umfasst alle positiven und negativen Kräfte, die voneinander getrennt, in der rechten und linken Säule zum Vorschein kommen. Den Punkt der Synthese, das Zentrum des Gleichgewichts zwischen der linken und rechten Säule, bildet die mittlere Säule.

Die im Lebensbaum graphisch dargestellten Kräfte existieren real in den vier kabbalistischen Reichen: Im *Azilut* – die Welt der göttlichen Emanation; im *Beriah* – die mentale Welt; in *Jezirah* – die astrale Welt und in *Assiah* – die materielle, das Universum umfassende, grobstoffliche Welt. Die vier Welten selbst bilden jedoch nicht den Inhalt, der im Lebensbaum graphisch dargestellten Symbole. Sie beziehen sich auf die so genannten *Sephiroth.* Sephiroth sind die Sinnbilder der Aufrollung der Urkraft Gottes, seines Lebens und seines Lichtes. Diese Urkraft bringt die Schöpfung hervor. Das Wesen Gottes bleibt selbst auch während der Hervorbringung der Manifestation seiner Kräfte verborgen. Die aus seiner Tiefe hervorrollenden Urkräfte werden im Lebensbaum als zehn voneinander verschiedene Energiezentren dargestellt. Die Zentren der mittleren Säule entstehen als Kräfteausgleich zwischen der linken und rechten Säule. In jeder der vier Welten wiederholen sich alle Sephiroth und weil im Vergleich zu ihrer ersten Emanation sie mehr konkretisiert und ausgeglichen sind, besitzen sie auch andere Farbausstrahlung. Jeder Sephiroth ist ein Erzengel zugeordnet, der die Kräfte der Sephiroth verteilt.

Dafür steht ihm eine Engelordnung zur Verfügung. Mit zwei Ausnahmen (Michael und Gabriel) leben alle Erzengel in der Mentalwelt und die Engel in der astralen Zone. In der göttlichen Welt (Azilut) findet die erste Emanation einer Sephiroth statt, die den Nahmen *Kether* trägt. Kether strahlt die zweite Sephiroth aus – die *Chockmah* und so geht es weiter bis zu der zehnten Sephiroth – die *Malkuth.*

Für die Praxis der Anrufung von Erzengeln oder Engeln ist die Erzeugung entsprechender Farblichtschwingung im eigenen Inneren notwendig.

Die beiden seitlichen Säulen im Diagramm repräsentieren das männliche und weibliche Prinzip. Männlich ist die linke Säule und sie steht für Barmherzigkeit. Die rechte dagegen ist weiblich und steht für Härte. Die weibliche Säule symbolisiert das formgebende Prinzip, weil jede Form sich desaktualisiert und zu einem Hemmfaktor der strömenden Lebensenergie wird, führt sie zu Auflösung, Zerfall und Tod. Darum sagen die Kabbalisten: „Der Vater ist der Lebensbringer, die Mutter die Todbringerin." Ihr Schoß kleidet das Leben in Materie und gibt ihm die Form. Alle diese Formen vergehen und somit steht mit der Geburt das Leben unter dem Zeichen des Todes. Die Kabbala kennt keine gradlinige Entwicklung. Das Leben äußert sich im Rhythmus, in der Dominanz der wiederholbaren Phasen.

Die mittlere Säule im Diagramm repräsentiert das Bewusstsein. Im höchsten Kreis der mittleren Säule – im Kether – findet sich der unzerstörbare Kern eines jeden individuellen Bewusstseins, aber gleichzeitig auch der makrokosmische Bewusstseinskern.

Ich habe bereits mehrfach darauf hingewiesen, dass die einheitliche Natur Gottes aus vier Elementen besteht, die in ihrer höchsten und reinsten Form, ineinander übergehen und miteinander identisch werden.. Darin liegt das Geheimnis des Tetragramatons und der Ubiquität Gottes.

a) Azilut ist das Lichtreich Gottes und wurde vom feurigen Urelement ausgestrahlt. Die Gottheit selbt bleibt jedoch auch in der reinsten Lichtwelt unsichtbar und verborgen. In diesem Reich begann Gott aus seinem ungeteilten Wesen Myriaden von individuellen Lichtfunken auszustrahlen. Jeder Engel und jede menschliche Seele trägt seit Ewigkeit diesen individuellen Lichtfunken in sich und wegen seiner unermesslichen Feuerstrahlung ist er, bei Abstieg in die niederen Welten, mit den Leibern der Mental-, Astral- und Erdsphäre verhüllt. Der hier erwähnte Urfunken, aus der Substanz Gottes ausgestrahlt, trägt in der Kabbala den Namen *Neschamah* – das Selbst des Menschen – das dem Begriffsinhalt von *Atman* im Hinduismus entspricht.

Azilut ist der Manifestationsort der Götter, der beiden Erzengel Michael und Gabriel, sowie der Wohnort von Adam vor seinem Fall. Die Kabbalisten sehen in der Vereinigung und der gegenseitigen Durchdringung unseres Leibes, der Seele und des Geistes mit dem göttlichen Selbst – der Neschamah – die Erfüllung des Lebenssinnes. Der Leib („Erde“) kann erst dann die Einheit mit den übrigen drei Elementen eingehen, wenn er die Natur des Geistes (der „Luft“) angenommen hat.

Zu der Lichtwelt Azilut gehören auch die „ersten Ursachen“, der Schöpfung, die platonischen Ideen. Im Azilut befinden sich ferner alle Prinzipien, die den Aufbau des Universums einleiten und die Samen kommender Schöpfungen.

b) Beriah – die zweite kabbalistische Welt.

Wie die Bezeichnung „Azilut“, die rein göttliche Welt meint, so entspricht der Begriff „Beriah“ der mentalen Welt – der Welt der Erzengel und des Geistes. Die Mentalwelt ist eine Emanation des reinsten göttlichen Elements der Luft aus dem Wesen Gottes. Bereits in der grobstofflichen Luft breiten sich Worte und Töne aus, und in ihr als Medium wird die Harmonie der kosmischen Bewegungen wahrgenommen. Die Luft auf der Erde ist lediglich ein analoger Begriff zu der kosmischen „Luft“, die hier als Geistsubstanz verstanden wird.

Die Kabbalisten verstehen Beriah als ein Reich der Ideen. In ihr manifestieren sich vor allem die Urgedanken Gottes in Gestalt der Ideen und Klänge. Ihr Entstehungsort ist Azilut, aber erst in Beriah werden sie manifestiert. Konkrete, individuelle Formen, bekommen sie jedoch in der unteren astralen Welt und in der grobstofflichen Realität. Ihr reiner Lichtglanz ist dann jedoch weg.

Platon erkannte die Mechanik, die zur Entstehung der sichtbaren und hörbaren Welt führt. Für ihn ist die materielle Welt der Ort der Abbildung der höheren Wirklichkeit aus dem Azilut und Beriah. Die materielle Welt wäre eine bloße Kopie, eine schwache Abbildung, die dazu noch den zerstörerischen Prozessen der Zeit und den verfälschenden Wirkungen der Ausdehnung im Raum und der Verkleidung in die Materie unterworfen ist. Im Vergleich zu den Originalen im Beriah und Azilut sind sie nur ein Echo ihres wahren Seins. Die Ideale des menschlichen Geistes wohnen in der idealen Welt der Beriah und nicht auf Erden. Beriah – die Mentalwelt – ist das unendliche Universum der geistigen Wesen. In einer unvorstellbaren Schönheit, Harmonie und Ordnung, bietet sie den geistigen Intelligenzen einen gewaltigen, unendlichen Lebensraum. Ihrer geistigen Reinheit und Vollendung entsprechend, sind sie in Sphären versammelt, die das Innere dieser Wesen nach außen projiziert und manifest macht. Jede individuelle Schönheit findet ihr strahlendes Abbild im Außen dieser Welt. Von den kreativen Inhalten ihrer mächtigen Vorstellungskraft und ihrer Genialität, sind sie alle umgeben. Nicht alleine die visuelle Kunst ist hier in unendlichen Landschaftskreationen dicht versammelt. Auch die Welt der Klänge, der Musik und des Gesangs, durchdringt die ätherische Atmosphäre dieser Welten. Wäre es kein unendliches Universum, würde man als Besucher sagen, dass man eine Kolonie der genialsten Künstler besucht hätte. Erst jedoch im Gespräch mit diesen Wesen merkt man ihre tiefe Genialität auf den Gebieten des philosophischen Denkens und im Bereich der universalen Weisheit. Auch ihr Erscheinungsbild ist ein Produkt ihrer Kunst, das wir nicht mehr der Mode im irdischen Sinne zuordnen können. Alleine ihre Aura ist ein Kunstwerk, das an Farblicht-Strahlen und –Blitzen nicht zu überbieten wäre. Sie verströmt himmlische Duftwolken, die von melodischen Klängen einer sanften und herzzerreißenden Musik durchdrungen ist. Auch die Landschaften sind hier nicht spontan entstanden. Sie passen sich den Gedanken und Emotionen der Bewohner an, verändern ihre Form auf der vertikalen und horizontalen Linie und ändern ihre Farblichtstrahlung. Sie können sich zu riesigen Bergen auftürmen oder zu Seen und Flüssen verflachen.

Man spricht von Engelchören in verschiedenen religiösen Traditionen. In der Heimat der Engel selbst, bekommt man andere Eindrücke. Jede einzelne Engelpersönlichkeit scheint auf einem Terrain zu leben, das von der Größe her einem Kontinent entspricht. Der eigene, unendliche Engelgarten besteht aus Bergketten, Seen, Meeren, Urwäldern; duftenden Wiesen und einem Ozean von Blumen. Von der eigenen mentalen Reife des Betrachters hängt es ab, was er über den Engelgarten, in den immer subtileren Zonen der Mentalsphären alles noch erblickt. Hier sind Welten übereinander gereiht, bis sie in die Azilut eingehen. Mit jedem Schritt höher wird die Lichtglanzdichte stärker und belastet den Mentalkörper.

In der Binah existieren vertikal aufgebaute Inselwelten, die in der Astralzone der Erde (im Jezirah) beginnen und im Azilut gipfeln.

Dichte Engelvölker, analog zur Ansammlung der Menschen in den Großstädten, gibt es hier nirgends. Dank ihrer vollkommen entwickelten Wahrnehmung stehen die „Inselengel“ immer in Verbindung miteinander. Menschen, die zu Lebzeiten auf Erden Engel verehren, befinden sich nach der Entleibung im privaten Inselparadies, von den meistgeliebten Engeln. Entsprechend ihrer inneren Reife können sie auch hier bis in die Sphären der göttlichen Welt (Azilut) aufsteigen. Gefangen durch die Schönheit und Sanftheit des Engelparadieses, vergessen sie ihren eigenen menschlichen Werdegang auf der Evolutionslinie und oft erwacht in ihnen erst nach Jahrhunderten die Erinnerung an ihren Auftrag und sie kommen zu der nächsten Inkarnation auf Erden zurück. Die Zeit, die sie im Engelparadies verbracht haben, hat ihren Geist (Mentalkörper) so tief verändert und mit den Qualitäten der hohen Engelsphäre imprägniert, dass sie nun sehr schnellen Fortschritt auf dem Wege zur Einheit mit Gott erzielen und den Endzweck der menschlichen Evolution erreichen.

In den unendlichen Weiten des mentalen Universums, befindet sich auch unser eigenes Inselparadies, zu dem wir, seit der Emanation aus der Substanz Gottes, seit Millionen von Jahren, immer wieder zurückkehren. Hier ist die wahre Heimat, der Geburtsort unseres Geistes. Mit jedem Grad der neu erkämpften inneren Reife, erweitern wir die Schönheit und Harmonie des Gartens, der ein Spiegelbild all unserer Qualitäten ist. Jedem Sieg über die Macht der Versuchung, jeder guten Tat, vollbracht auf Erden, jedem feurigen Gebet zum himmlischen Vater, entspricht hier ein neuer See, eine edelsteinartige, funkelnde Gebirgskette, eine neue Komposition himmlischer Klänge, oder eine Arie, die uns noch höher zu der nächsten Sphäre aufschwingt.

Nichts von unseren guten Taten, heiligen Gedanken, erkämpften Siegen gegen die niedere Natur, kann in Vergessenheit geraten. Hier, in unserer wahren, ewigen Heimat, ist unsere gesamte Vergangenheit in Form von leuchtenden Landschaften, wilden Schluchten, lichterfüllten Parkanlagen, diamantenen Felsen, himmelblauen Seen, herzzerreißenden Liedern, in geweihten Duftwolken und einem Universum von göttlichen Blumenwiesen, für die ganze Ewigkeit aufbewahrt. Was hier steht und leuchtet, bleibt für die ganze Ewigkeit bestehen. Unsere möglichen, künftigen bösen Werke, können dieses Paradies nicht erschüttern. Eine böse Inkarnation wird dort verbüßt, wo die bösen Taten entstanden sind. Die Pforten unseres Himmels können sie nicht erschüttern. Das Gute und Schöne sammelt sich und wächst, das Böse wird gesühnt und ausradiert. Nach endgültiger Befreiung von der Inkarnationspflicht kehren wir in das eigene kontinentale Paradies für immer zurück und verlassen es niemals mehr.

Unser Himmel ist kein Geschenk Gottes und auch kein Preis für ein gutes Benehmen in der unteren Lebensschule. Dass wir ihn überhaupt besitzen resultiert aus unserer Gottesebenbildlichkeit. Nur dank der eigenen Gotteskraft in uns gehorchen uns alle Elemente im Universum und sogar die Engelfürsten stehen uns zur Verfügung. Wenn wir in der Welt Beriah wandeln und die leuchtenden Planetensphären der Engel aufsuchen,, ist jeder Besucher der Sphären gut über unser eigenes Paradies informiert und dadurch weiß er auch über unsere Gottähnlichkeit Bescheid.

Die unteren Ebenen von unserem Privatparadies werden aus dem astralen Lichtstoff erbaut und entsprechen dem Grundstoff, aus dem unsere Seele besteht. Sie gehören der Welt Jezirah, die auch aus unzähligen Unterebenen besteht. Die mittleren Ebenen entstanden aus dem Mentalstoff des Geistes und gehören der Welt von Beriah. Die höchste Ebene ist eine Kristallisierung des reinen Lichtes, die aus der Substanz Gottes emanierte. Ein Teil der rein göttlichen Welt krönt unser Paradies und wahrscheinlich haben wir es erbaut, lange bevor wir über die Welten von Beriah und Jezirah in die materielle Welt abgestiegen sind. Seit Millionen von Jahren steht das alles so und wartet auf unseren Einzug. Es kann nicht sein, dass wir im tiefsten Inneren unseres Wesens davon keine Kenntnis hätten. Die Sehnsucht nach dem Himmel, bekannt in allen Religionen, und die unzähligen Visionen von himmlischen Paradiesen, der starke Zug nach oben zu dem versprochenen Ort der Ruhe und Glückseligkeit, zeugen durch ihre Kraft vom Besitz einer realen Paradiesinsel, die unsere Gedanken und Emotionen manchmal sogar in Aufruhr stürzen, um endlich das alles von sich zu schleudern, was uns an die Erde bindet. Der Vorgeschmack dieser eigenen Welt erlaubt immer wieder, den von Sehnsucht und Ahnung gepackten Persönlichkeiten auf alles Irdische mit Leichtigkeit zu verzichten. Sie wollen mit Macht zurück in ihre ewige Heimat. Sie haben es intuitiv erfasst, dass sich keine irdische Glücksquelle mit unserem Erbe in der Welt von Beriah messen kann.

c) Jezirah – die dritte Welt der Kabbala.

Wie die Welt Azilut ihre Existenz der Ausstrahlung aus dem reinsten Feuerelement verdankt und die Beriah aus dem göttlichen Luftelement entstanden ist, so ist die Jezirah als Ausstrahlung aus dem reinsten Wasserelement ins Sein entlassen worden.

Die Welt Jezirah ist terminologisch mehr unter dem Namen „Astralwelt" bekannt. Wir haben bei der Schilderung der Engelhierarchien bereits den Begriff der Astralsphären benutzt. Aus unserer Sicht ist die von den Kabbalisten streng gezogene Grenze zwischen der astralen und mentalen Welt in dieser Form schwer haltbar. Die Elemente, aus denen die vier Welten entstanden sein sollen, wurden in vollkommenster Form verfeinert, so, dass sie ineinander übergehen. Die feinsten Zonen der Astralwelt (Jezirah) können wir den untersten Zonen der Mentalwelt zuordnen. Die Übergänge zwischen den vier Welten bilden auch für die Wesen die natürlichen Brükken zwischen den Welten.

Von unserem Standpunkt her als Mensch gesehen, ist die Reichweite der Jezirahwelt gewaltig. Unsere Seele, die diese Welt Jezirah als ihre natürliche Heimat betrachtet, findet sich zu Hause, wen sie sich dicht an der

Grenze zu der Körperlichkeit ansiedelt und sie bleibt immer noch in ihrer Heimat, wenn sie sich der mystischen Entzückung in Azilut hingibt. Die Offenheit der Grenzen zwischen den Welten der Kabbala ermöglicht auch den Engeln und den Geistseelen den vertikalen Aufbau ihrer Privatparadiese, die an der Grenze zu Assia beginnen und im Azilut enden.

d) Assia – die Welt der grobstofflichen Materie.
Über die Entstehung des materiellen Universums wissen wir heute immer noch zu wenig, um unseren Informationen die Geltung eines wahren Wissens zu verleihen. Die Kabbala lehrt, das Universum wäre der Endpunkt in der Reihenfolge der Weltentstehung. Ohne die drei vorausgegangenen Welten gäbe es das materielle Universum nicht. Der Azilut ist der Entstehungsort aller Kräfte und Energien, die infolge ihres Durchgangs durch die Sephiroh differenziert und spezialisiert wurden. Assia wäre die Synthese aller Ausströmungen und mit dem Erdeelement der Ort des „Einfrierens“ des Lebens. Durch das Erfassen des Lebens in individualisierten Formen (principium individuationis) wird das Leben der Zeit unterworfen – dem Vergehen, der Alterung und dem Tod. Der Tod entlässt jedoch das Leben von seinem vergänglichen Korsett und bietet die Rückkehr in den Ursprung. Ohne die Kenntnis der Eigenschaften der Sephiroh, wäre jedoch das tiefe Wissen vom Universum nicht erreichbar.

Alle Geschöpfe Gottes sind rein, aber kein einziges ist vollendet.. Auch die Engelfürsten nicht. Die von Gott ausgestrahlten Wesen haben die Potenzialität zu ihrer höchsten Entfaltung, müssen jedoch mit ihrem Willen und Verstand die abschließende Vollendung selbst bewirken.

Die Möglichkeit eines Abfalls von der Einheit mit Gott liegt für den Menschen in der Entwicklungsform des von Gott getrennten Ich, das durch weltliche Wünsche und ichbezogene Handlungen sich lieber eine eigene Zivilisation erschafft. Zum Azilut können wir erst dann zurück, wenn wir unsere Weltzentriertheit aufgegeben und unseren Leib geweisst haben.

B. Die Sephiroh und ihre Engel.

a. Kether – die Ursephiroh.

Alle zehn Sephiroh tragen einen Gotesnamen, den Namen des Erzengels und der Engelordnung, sowie die Bezeichnung ihrer Lichtfarbe. Der Gottesname für die erste Sephiroh lautet „Ehjeh“ (Ich bin!). Der Name des Erzengels – Metatron (der hinter dem Thron stehende). Die Ordnung der Engel heißt „Chayyoth ha Qadesch“ (die heiligen Kreaturen). Die Farbe von Kether ist nicht sichtbar. Die Sephirah strahlt blendend weißes Licht, einen reinen Glanz. Sie hat keine Form und ist ein reiner Seinszustand. Aus ihr entsteht die Azilut. Kether – die urgöttliche Substanz, ist reinste Quelle aller Energien. Die reinste Energie wird durch Metatron und seine Engel auf den anrufenden Gläubigen übertragen. Die Kabbalisten sprechen vor Beginn jeder Handlung den Namen Gottes dieser Sephirah aus. Außerdem erweckt der Name „Ehjeh“ das Gefühl für die eigene Ewigkeit und Unsterblichkeit. Sie wenden sich an den reinsten Glanz, den sie über dem Schädeldach visualisieren. Das wiederholte Aussprechen des Namens Ehjeh, eventuell auch des Erzengels Metatron stellt die Verbindung mit der höchsten Kraft aller Welten her. Die Verbindung mit der höchsten Kraft, die im Namen Ehjeh liegt, äußert sich in der höchsten Erleuchtung. Der betroffene Mensch kann keine Ziele mehr in der materiellen Welt verfolgen, weil sie sich als Illusion entpuppen. Er ist vollendet.

Die Chayyoth ha-Qodesch zeigen sich als Feuerflammen, die den Architektenplan für das Universum als „Maurer“ ausführen. Sie sind die „Arbeiter“, die den Plan Gottes ausführen.

Die Sephirah Kether ist ein ewiges Entstehen, ein endloses Emmanieren und Entspringen. Alle Sephiroh, auch die stabilisierenden, kommen nacheinander aus Kether hervor. Ehyeh ist jedoch selbst kein Werden, umgekehrt, Er ist die Substanz der Dauer, weil zu seinem Wesen die Existenz gehört, die ewig unverändert ist und darum eine ewige Gegenwart, ohne Zeitabfolge bildet.

Der gewaltige Engelfürst Metatron, der hinter dem Thron Gottes steht, und die göttliche Ebenbildlichkeit des Menschen hütet, schützt das göttliche Leben in jedem Menschen. Bei Invokation seines Namens, verbinden wir uns mit seinen Kräften, die uns über die Alltäglichkeit erheben.

Bei Anrufung der Sephirohkräfte jeder anderen Sephirah, gilt die allgemeine Regel: Der Name Gottes einer Sephirah verbindet uns direkt mit den höchsten Kräften der Gottheit im Azilut. Der Name des Erzengels dieser Sephirah bringt uns in Verbindung mit der Mentalwelt einer Sephirah und die Anrufung der Engelordnung stellt die Verbindung mit der Astralwelt dieser Sephirah her. Die Berücksichtigung dieser Hierarchie ist bei Verwirklichung aller neuen wichtigen Vorhaben unerlässlich.

b. Chockmah – die zweite Sephirah – trägt den Gottesnamen „Jod He Vau He", der die Vierheit der Elemente der göttlichen Natur ausdrücken soll und die Bedeutung des Begriffs „Tetragrammaton" erklärt. Der ihr zugestellte Erzengel heißt „Raziel" (Wappen Gottes). Die Ordnung der Engel trägt den Namen „Ophanim". Die Situierung im menschlichen Körper entspricht der linken Gesichtshälfte. Chockmah wird die Urdynamik, das ständige Herausfließen noch nicht geformter Energie zugeschrieben. Sie wäre der große Motor des Universums. Das ausströmende Leben und die Kraft werden erst in Binah geordnet. Das reinste glänzende Licht von Kether verschleiert sich zu Perlgrau in Chockmah. Sie wird unter ihrem Gottesnamen angerufen, um Erleuchtung zu bekommen. Darum trägt sie auch den Namen die „erleuchtende Intelligenz", das innere Gewand der Verklärung. Sie heißt auch die „weissende Kraft" und verwandelt den physischen Leib zum Glorienkörper.

Nach einer schönen Legende, die ich im Werk von *Heinrich E. Benedikt* über *Kabbala* fand, erschien der Erzengel Raziel Adam nach seinem Fall und überreichte ihm ein in Saphir graviertes Buch. In diesem Werk war die von Gott geplante weitere Entwicklung aller künftigen Nachkommen von Adam dargestellt bis zum Tage hin, an dem die Menschheit ihr Heil in Gott gefunden hat. Zum Inhalt dieses Buches zählte auch die Weisheit der Sterne, der Verlauf der Geschichte der Menschheit und die Schilderung vom Sinn der Menschen. Set, der dritte Sohn von Adam, hätte das Buch geerbt und über Noah kam es zu Abraham und wurde weiter vererbt über Isaak und Jakob zu Salomo. Die Kabbalisten erblicken in diesem Werk die Weisheit des Lebensbaumes der Kabbala.

Erzengel Raziel und seine Engel Ophanim bringen die göttliche Weisheit unter die Menschen und sorgen für die Erfüllung der von Gott beschlossenen Pläne für jedes menschliche Wesen. Wer zu Raziel um Weisheit fleht, wird sicherlich von seinen Engeln mit Weisheit beschenkt.

Zum symbolischen Bild von Chockmah gehört ein bärtiger Mann, der sich in seinen reifsten Jahren präsentiert. Er ist der Urvater des beseelenden Lebens und erleuchtenden Verstandes. Wie auch der Kether und Binah steht er auch außerhalb des Universums und war bereits vor der Entstehung der Welten da. Von den Kabbalisten wird Chockmah als die Emmanation von reinem Sein verstanden. Sie schleudert aus sich heraus die gesamte kosmische Kraft und Energie in einer formlosen Menge.

Der Chockmah wird die Vereinigung mit Gott zugeschrieben. Wer in das Urlicht von Chockmah eingeht, z. B. in einer tiefen Versenkung, kehrt niemals mehr zurück, sagen die Kabbalisten. Die Begegnung mit den Lichtstrahlen Chockmahs soll gut vorbereitet werden, damit ihre unvorstellbare Kraft unseren Geist nicht auflöst. Wer sich durch tiefe Meditation darauf vorbereitet hat, und reif für die Weissung ist, kann zunächst die Ophanim um Beistand und Hilfe bitten. Sie sorgen dafür, dass die Erleuchtung und Weissung uns sanft zu Gottwesen verwandelt. Die Hilfe bei der persönlichen Verklärung bezieht sich auf die Steuerung der Weissungsenergie und auf ihr Einfließen in die richtigen Kanäle im physischen Leib. Wer die Weissung vorbereitet, sollte rechtzeitig mit den Ophanim Kontakt aufnehmen. Sie helfen uns auch, wenn wir auf der Suche nach mehr Kraft und Energie sind, wenn wir unter der Last des Lebens erlahmen, wenn wir ausgepowert sind.

c. Binah – die dritte Sephirah im Lebensbaum.

Ihr magisches Bild stellt sie als eine strenge Matrone dar. Ihre Position im Lebensbaum behauptet sie am Kopf der Säule der Härte. Ihr ist der Gottesname „Elohim“ eigen. Die Kabbalisten geben ihr auch den Namen „Ama“, die unfruchtbare Mutter, oder der Thron. Tzaphkiel – das Auge Gottes – wäre ihr Erzengel und die Erlim – die Throne – ihre Engelordnung. Ihren Sitz in der menschlichen Aura hätte sie in der rechten Gesichtshälfte. Die „furchterregende Mutter“, die „Mutter alles Lebenden“ symbolisiert die weibliche Kraft des Universums. Sie wäre furchterregend, weil sie das Leben in die Formen einkerkert und damit einengt. In der Form stirbt das Leben. Demgegenüber wäre das nicht in die Form eingegossene Leben – der Geist – unsterblich. Durch ihre Härte diszipliniert jedoch die Binah das Leben.

Binah ist die Emmanation aus Chockmah, der Weisheit. Sie selbst – die Binah – ist das Verstehen, das Wissen von der Ein- und Zuordnung des Lebens zu der Form. Als Mutter aller Formen bleibt sie ewig außerhalb jeder Form. Wir sehen nur ihren Einfluss. Sie selbst entzieht sich der denkerischen Fixierung.

Tzaphkiel ist der Hüter des Gesetzes. Er wird „Das Gewissen der Welt“ genannt. Weil er in unmittelbarer Beschauung Gottes lebt, erkennt er seinen Willen und seine Beschlüsse. Er gibt sie an seine Engel zur Ausführung weiter. Die Kabbalisten meinen, dass Binah makrokosmisch dem Planeten Saturn entspricht, auf dem, eingehüllt in ein dunkelviolettes Licht, die Richter des Universums ihr Amt ausüben. Nach der Offenbarung von Johannes, wären es die Verwalter der göttlichen Ordnung und die Körperschaft der himmlischen Gerichtsbarkeit.

Sie lenken das Schicksal eines jeden Menschen und den Gang ganzer Nationen. Die lenkenden Kräfte dieser irdischen Welt ruhen in ihren Händen. Sie haben nicht nur die Strafen im Sinn. Sie lenken auch das Schicksal der Menschen auf das Gute und Heilige hin.

Tzaphkiel und seine Engelordnung – die Er'elim, stehen im Dienste von Elohim, der als die höchste Mutter am oberen Ende der Säule der Härte dargestellt wird. Die Er'lim führen alles das aus, was aus Binah herausemmaniert und in Formen gegossen wird. Somit helfen sie zur Manifestation von allem Leben. Sie helfen jeden Lebensstrom in die entsprechende Form zu gießen. Sie sind immer dort zur Stelle, wo organisiert, verwirklicht und stabilisiert wird. Vor allem stehen sie jedem Menschen zur Seite, der sich neu organisieren will, der nach einem Ausweg aus seiner ungünstigen Lage sucht, oder der sich von der Welt abwenden und sein Leben alleine auf Gott ausrichten will. Überall dort, wo es um Kräfteausgleich geht, wo ein Prozess stabilisiert werden soll – im Staate oder in der Familie, im Berufsleben oder am Krankenbett – sind die Er'lim helfend in der Nähe.

Auf der Seite der Härte stehen sie jedoch nicht umsonst. Ihre Aufgabe besteht in der Disziplinierung des eigenen Lebens des Menschen. Sie unterstützen jeden asketischen Kampf, gegen Untugend und Abhängigkeit. Dazu gehen sie oft zusammen mit den Seraphim, der Gebura. Immer sind sie um die Stabilisierung des Kräfteausgleichs bemüht.

d. Die vierte Sephirah – Chesed...

...wird auf der Säule der Barmherzigkeit als ein mächtiger, gekrönter, thronender König dargestellt. Alle heiligen Kräfte empfängt er von der Sephirah Binah. Ihre Bezeichnungen heißen Liebe und Majestät. Ihr Gottesname ist vorbiblisch und lautet El – die himmlische Gottheit. Tsadkiel (Wohlwollen Gottes) ist ihr Erzengel. Die Ordnung der Engel trägt den Namen Chaschmallim – die Funkelnden. Ihre Position in der menschlichen Aura entspricht der linken Schulter. In der götttlichen Welt Azilut leuchtet sie Dunkelviolett; in Beriah Hellblau, in Jezirah – Dunkelpurpur und Azurblau im Assiah. Ihr riesiger Energiestrom fließt von Binah und wird von Geburah aufgefangen.

Tsadkiel – der „Gerechte Gottes" – Erzengel von Chesed, verkörpert die Barmherzigkeit und Güte und verteilt die Gaben und den Segen Gottes. Für jede gute Absicht und gute Tat, segnet er den Menschen. Er ermutigt jeden, der nach bitteren Erkenntnissen zurück auf den Weg der Tugend finden will. Er richtet ihn auf und gibt ihm Kraft zum aufrechten Gang. Er beschützt und verteidigt alle, die verleumdet und verfolgt werden. Seine Barmherzigkeit und sein Sanftmut umgeben jeden, der mit Liebe im Herzen durchs Leben geht. Bei jeder Bedrängnis ist er in unserer Nähe und verteidigt uns vor mutlosen Gefühlen und dunklen Gedanken. Seine Engel – die Chaschmallim – helfen den Menschen alle spirituellen Tugenden zu verwirklichen. Sie führen uns die feinsten Kräfte zu, die wir für ein Leben in Einheit mit Gott brauchen. Sie schützen vor Heuchelei, Völlerei, Tyrannei und Borniertheit. Sie öffnen uns den Zugang zu Kräften, die Kreativität verleihen, Sanftheit, Güte und

Nächstenliebe schenken. Durch die tägliche Verbindung mit ihnen erweicht das Herz und alle Härte löst sich in Wohlwollen auf. Sie unterstützen alle Vorhaben, die der Fürsorge von Kranken, Leidenden, der Bedrohten und Hungernden gewidmet sind. Sie stehen auf der Seite der Leidenden, sind um das Los der Waisen besorgt und segnen die alleinstehenden Mütter. Sie segnen jedes liebende Herz und öffnen die innere Schatztruhe der Güte und Barmherzigkeit. Wer sein Leben im Lichtstrahl von Chesed führt, wird von den Folgen der bösen Taten und damit vom blinden Rad des Schicksals befreit.

Wer sich um seine Familie oder sein Volk Sorgen macht, findet bei den Chaschmallim gütige und wirksame Hilfe. Auf die Vorstellungen und Handlungen üben sie einen mächtigen Einfluss aus, der immer zum Besseren führt.

e. Die Sephirah Geburah...

... hat ihren Platz auf der Säule der Härte und Stärke. Ihr Bild stellt einen mächtigen Krieger im Streitwagen dar. Gerechtigkeit und Furcht gehören zu ihrer Bezeichnung. Ihr Gottesname heißt Jah und Elohim Gibor. Der Erzengel heißt Kamael und das bedeutet die „Strafe Gottes". Die Serafim (Flammende Schlangen) stehen Kamael zur Verfügung. Energie und Mut sind die Tugenden der Geburah. Ihre Laster heißen Grausamkeit und Zerstörung. In der menschlichen Aura ist Geburah der rechten Schulter zugeordnet. Ihre Farbe im Azilut, Orange, in Beriah, Scharlachrot, in Jezirah, Scharlach, in Assia, Rot gefleckt mit Schwarz. Geburah ist der Herr der Furcht und der Strenge, er ist der Zerstörer des Bösen.

Kamael, der auch den Namen „der Strenge Gottes" trägt,

verkörpert die „Gerichtsbarkeit Gottes". Kabbalisten nennen ihn „die rechte Hand Gottes". Er steht in einer rotgoldenen Rüstung mit erhobenem Schwert in unserem rechten Schulterbereich, um sofort zuzuschlagen, wenn die Gottesgesetze durch unseren egoistischen Übermut verletzt werden. Sein erhobenes Schwert warnt vor der Gefahr eines Sturzes. Sein Aussehen vermittelt das Gefühl einer unerbittlichen Strenge. Er ist der Vollstrecker der Gottesurteile aus der Saturnsphäre von den strengen Schicksalsrichtern.

Wann stehen uns die Serafim von Geburah bei? Wann dürfen wir auch den Erzengel Kamael bitten, die Scharen seiner Serafim in die Schlacht gegen das Böse zu führen?

Zu allererst, wenn wir begriffen haben, dass in uns selbst die Quelle des Bösen sprudelt, die unsere Gedanken und Gefühle mit dem süßlichen Stoff der Bequemlichkeit, des Genießens, des Nichtstuns, des Angebens, des Nichtanerkennens der eigenen Schuld, am negativen Schicksalsverlauf vergiftet.

Wir bitten die Engel Geburahs um die Kraft des Begreifens, um die Klarheit der Einsicht in unser Inneres, wo sich Gewalten sammeln, um uns zu versklaven, uns die geistige Freiheit rauben und die Ursache ihrer Entstehung auf die Lebensbedingungen, auf die Eltern, den Staat und ähnliches mehr abzuwälzen, bloß damit wir uns selbst nicht zu ändern brauchen und den kleinen, falschen Genuss behalten dürfen. In diesem Fall sollten wir den Erzengel Kamael bitten, dass er mit seinem erhobenen Schwert uns – den wahren inneren Menschen – von allen unseren Verfälschungen und Versklavungen, mit einem Hieb abtrennt. Sein Schlag ist hart und auch schmerzhaft, aber er verteidigt das größere Gut, das wir zu unserem

Besitz zählen dürfen: Die Ausrichtung des Lebens auf Gott, auf die Wahrheit, auf das ewig Gute. Seine Engel werden uns vor einem erneuten Versinken im Schlamm des Egoismus schützen. Kamael wird zu unserem besten Freund zählen und vor jeder erneuten Gefahr schützen.

f. Die Engel der Sephirah Tipheret.

Tipheret bedeutet Schönheit. Ihr Bild stellt einen König in voller Majestät dar, jedoch auch ein Kind und einen geopferten Gott. Tipheret steht in der Mitte der Säule des Gleichgewichts. Nach dem Buch Sepher Jezirah ist der Tipheret eine vermittelnde Intelligenz. Ihr Gottesname lautet Eloah Va Daatth. Der Erzengel von Tipheret heißt Rafael und seine Engelordnung heißt Melachim – Könige. Ihre Farben in den vier Welten: Im Azilut - strahlend Rosa, Im Binah - Gelb, in Jezirah – sattes Lachs und in Assia – Goldamber.

Tipheret ist das Zentrum des Gleichgewichts des Baumes. In der menschlichen Aura isr sie in der Brustmitte sichtbar. Sie entspricht der Funktion von Kether auf einem niedrigeren Bogen. Außerdem wirkt sie als Ort der Transmutation zwischen den Kraft- und Formebenen.

Mit der Position von Tipheret im Baum klärt die Kabbala die wichtigsten Begriffe der transzendentalen Psychologie. Die drei Sephiroh, die unterhalb der Tipheret liegen, stellen die Persönlichkeit dar. Die vier Sephiroh, die oberhalb von ihr liegen, bilden wiederum die Individualität. Die Persönlichkeit wäre das Niedere Selbst und die Individualität das Höhere Selbst. Kether entspricht im Menschen dem Begriff des göttlichen Fun-.ken, dem Atman der hinduistischen Anthropologie.

Im theologische Sprachgebrauch ist Tipheret der Sohn

und Kether - der Vater. Durch seine Position in der Mitte des Baumes ist Tipheret der Mittler zwischen unten und oben und der Erlöser. Diese Mittlerfunktion im Tipheret gehört somit zum Amt von Rafael und seinen Engeln – den Melachim. Erzengel Rafael wird nicht zufällig der Arzt Gottes genannt. Er leitet die Heilkräfte Gottes auf einen Kranken herab und bringt die Gebete und Wünsche der Menschen nach oben – zum Eloh Va Daath, im Azilut. Auch die königlichen Melachim sind alle in der Heilkunst erfahren und durch Umwandlung der Kräfte im Menschen, in Richtung des Gleichgewichts, heilen sie die Krankheiten. Durch die von ihnen vollbrachte Syn-these der geistigen, psychischen und organischen Ener-gien, heilen sie Geistkrankheiten, Neurosen und organi-sche Krankheiten, unabhängig vom Schweregrad einer Krankheit. Tipheret ist somit ein zentraler Begriff der transzendentalen Medizin und bisher nur in den geheimen Orden der Kabbalisten bekannt und praktiziert.

g. Die Engel der Sephirah Netzach.

Nezach bedeutet im Hebräischen Sieg und ist im Bild einer schönen jungen nackten Frau dargestellt. Diese Sephirah befindet sich am Fuße der Säule der Barmherzigkeit. Sie wird als Glanz der intellektuellen Tugenden bezeichnet. Ihr Gottesname lautet Jahweh Tsebaoth – Herr der Heerscharen. Ihr Erzengel heißt Haniel. Die Ordnung der Engel – Elohim – Götter. Ihr Planet ist die Venus. In der menschlichen Aura hat sie in der linken Hüfte ihren Platz. Ihre Farblichter in den vier Welten: Bernsteinfarbige Lichtstrahlung im Azilut, Smaragd in Beriah, strahlendes Gelbgrün in Jezirah und in Assia – Olivgrün. Makrokosmisch bezieht sich Netzach auf die

Venus, die Göttin der Liebe. Ihre Tugend wäre die Selbstlosigkeit und ihr Laster – Unkeuschheit und Lust. Netzach ist der ursprüngliche Ort der Lebenskraft der Natur.

Netzach steht für Instinkte und Gefühle, die in den Instinkten ihren Grund haben. Die Sephirah Netzach bildet noch keine Persönlichkeit. Sie komkretisiert sich erst in der Sphäre von Hod. In Netzach sind alle Kräfte, Instinkte und Gefühle noch in kollektiver Form gehalten.

Weil die Nezachkräfte viele sind und voneinander verschieden, nennt man die Netzachengel Elochim, die Götter. Ihre Aufgabe besteht in der Formung verschiedener biologischer und psychischer Kräfte, die in komplexe Emotionen eingehen werden. Somit ist Netzach der Lieferant einer Gundlagenenergie für das biologische und psychische Leben.

Die Netzachengel, die Elohim, helfen infolge der Anrufung bei allen Disharmonien der Psyche und irregulärer Entwicklung des psychischen Lebens. Alle Abbiegungen von der Norm gehören zu ihrer Kompetenz. Sie helfen, die von der Natur intendierte Normalität wieder herzustellen. Auch der Bereich der Liebesgefühle unterliegt der Kompetenz der Elohim, wenn sich Störungen auf diesem Feld bemerkbar machen.

Die Kabbbalisten betonen, dass sich der Kontakt mit den Engeln von Netzach auch durch Farben, Klänge, Tanz und Musik herbeiführen lässt. Die Kunst im klassischen Sinne des Wortes, war zu allen Zeiten eine Begleiterin der Engelzeremonien. Für die hellsichtigen Verehrer sind die Engel von Netzach die schönsten und die angenehmsten Wesen im Universum. Fast alle sind weiblich, sehr attraktiv, zart, mitfühlend und treu.

Ich nehme an, das ihre ursprüngliche Heimat in der astralen Lichtsphäre der Venus liegt.

In den Anrufungsriten, die von Rhythmen, Farben und Klängen begleitet werden, wie das in manchen kabbalistischen Orden noch heute praktiziert wird, kommen auch Düfte zum Einsatz. Die Engel erwärmen die Herzen der Teilnehmer, die im Rahmen Ihrer Kompetenzen, helfen, die Wünsche der Anwesenden zu erfüllen.

Die Elohim sind in der kabbalistischen Vorstellung „Herren über die Natur". Wenn sie in den Ritualen ganz nah an die Menschen herankommen, darf auch der nötige Respekt nicht fehlen. Ihre Tugend ist die Selbstlosigkeit und sie freuen sich immer, wenn wir unseren Egoismus gezähmt haben und unter die Menschen selbstlose Liebe bringen.

Der unter dem Netzacheinfluss stehende Mensch ist ein Künstler, ein Liebhaber der Schönheit und Freiheit.

h. Engel der Sephirah Hod.

Die Sephirah Hod, hebräisch Herrlichkeit, wird am Fuße der Säule der Härte als ein Hermaphrodit dargestellt. Hod ist eine vollkommene Intelligenz, die aus den Tiefen der Chesed ausströmt. Ihr Gottesname lautet Elohim Tsebaoth, Gott der Heerscharen. Sein Engel heißt Michael. Die Engel dieser Sephiroth tragen den Namen Beni Elohim – Söhne der Götter. Makrokosmisch wird Hod dem Merkur zugeordnet. Die spirituelle Erfahrung der Hodkraft vermittelt die Vision eines hellen Glanzes. Ihre Tugend ist die Wahrhaftigkeit und ihre Laster – die Falschheit. Der Ort ihrer Entsprechung im menschlichen Körper befindet sich in der rechten Hüfte. Ihr Farblicht im Azilut ist das Violett-Purpur; im Beriah, Orange; im Jezirah,

Rotbraun und im Assia, Gelbschwarz gefleckt mit Weiß. Ihre formgebende Kraft stabilisiert den Lebensbaum und ermöglicht die Individualisierung aller kosmischen Energien in der Jesod. Die Hod-Kraft setzt den von Netzach ausströmenden Energien entsprechende Formen auf, spezialisiert sie und lenkt auf ihre Erfüllung. Der wirkliche Initiator jedoch, der durch alle Sephiroh hindurchströmt, ist immer das Leben selbst. Die Vernunftkraft von Hod zügelt den animalischen Teil der Seele, setzt ihm Grenzen und ändert seine Bahn.

Die Fähigkeit der Lenkung und der Kontrolle im Hod, schafft die Basis für menschliche Freiheit und legt damit das Fundament für eine Kultur. Die Vision des hellen Glanzes, die als zentrale Erfahrung im Hod vermittelt wird, er zeigt die Natur im Gewand der höchsten Gottheit und erlaubt damit das Herauskommen aus der Verschlossenheit im Gefängnis der Natur.

Der Name Michael bedeutet hebräisch: „*Wer (ist) wie Gott*"! In der altägyptischen Götterwelt erkennt man ihn im *Horus*, dem erstgeborenen Sohn von *Osiris*. Er hatte den bösen *Seth* überwunden und gehörte zum Träger des Lichtes in allen Sphären des Universums. Er kann in einer feurigen furchterregenden Gestalt erscheinen, leuchten wie Golden mit funkelnden Augen, oder in einer Menschenform voller Liebe und Barmherzigkeit. Er trägt eine Lanze mit der Spitze nach unten, wenn er in Liebe erscheint - oder mit einem Lichtschwert in der Hand, das die Finsternis vom Licht trennt. Nach der Offenbarung (12, 7 – 9) ist er der Überwinder der Kräfte der Finsternis, der Sieger über Satan und seine bösen Scharen. Er wird in allen kritischen Lebenslagen angerufen, um uns vor der Niedertracht und den Lügen zu beschützen. Er steht uns im Kampf gegen das Böse bei, auch dann, wenn wir die eigene Natur von bösen Gedanken und Strebungen befreien wollen. Sein Einfluss lässt das Gute in uns hervortreten. In allen Ringen um die Selbstbefreiung von den Umarmungen moderner Geld- und Zeiträuber, vom Versinken in den weltlichen Lustquellen, steht er uns unermüdlich bei. Er schickt uns seine Engel, die uns in jedem guten Kampf begleiten und unseren Sieg vorbereiten. Er stärkt unseren Mut, mobilisiert unsere Kräfte und stärkt unsere Hoffnung auf inneren Frieden.

Er ist Hüter der „violetten Flamme“, d. h. jener Kraft, die Heilung unserer Seele bewirkt. Der aufgewühlte Geist wird beruhigt und entspannt und ein tiefes Glücksgefühl breitet sich in allen Körperzellen aus.

Das anbrechende Zeitalter des Wassermannes, das das Fischezeitalter ablöst, steht unter seiner Führung – behaupten die modernen Kabbalisten. Weil er für die Kräfte des Lichtes und des höheren geistigen Lebens steht, sehen die Kabbalisten sein Ankommen auf die Welt in den Stürzen von inhumanen Regierungen, in der Befreiung der Frauen aus Jahrtausende alter Unterdrückung, in zunehmender Humanisierung menschlicher Charaktere, aber auch in den Erschütterungen und „Klimawandlungen“ des Wetters. Sie hoffen auf die „*Morgenröte*“ geistigen Lebens.

Die Engelordnung der Söhne Gottes ist von allen Engelordnungen mit dem tiefsten Wissen und der wirksamsten Macht ausgestattet. Sie können jeden Menschen, der sich an sie wendet unter ihren Schutz stellen. Langfristigen Schutz bieten sie allen an, die sich kompromisslos bemühen, den Verstand zu vertiefen und zu erweitern, um sich vom Druck animalischer Instinkte zu befreien und den objektiven Existenzsinn jenseits der Weltlichkeit zu verwirklichen. Wer sich um die Führung durch die Söhne Gottes bemüht, wird sicherlich den ewigen Hafen erreichen.

i. Engel der Sephirah Jesod.

Jesod bedeutet im Hebräischen das Fundament. Im Bild wird sie als ein schöner nackter Mann symbolisiert. Im Baum belegt sie auf der Säule des Gleichgewichts den vorletzten Platz. Der Gottesname von Jesod lautet: Schaddai El Chai – der allmächtige, lebendige Gott. Ihr Erzengel heißt Gabriel, der Held Gottes. Die Cherubim gehören zu ihrer Engelordnung. Der Mond bildet ihre weltliche Entsprechung. In der menschlichen Aura erscheint ihr Licht im Unterleib.

Die spirituelle Erfahrung, in der die Vision von Jesod vermittelt wird, gipfelt im Bild der Maschinerie des Universums. Die Unabhängigkeit gehört zu ihrer Tugend und die Untätigkeit wäre ihr Laster. Ihre Farblichtschwingung in den vier Welten: Im Azilut – Indigo; im Beriah – Violett, im Jezirah – dunkles Purpur, in Assia – Zitronengelb, gefleckt mit Azurblau.

In ihrer konzeptuellen Darstellung verbirgt sich ein diplomatisches Element. Einerseits ist sie als starker Mann vorgestellt, als Fundament des Universums, als Schaddai – der Allmächtige, umgeben von den Cheruben – Engeln der Stärke. Andererseits soll sie durch Symbolik des Mondes verständlich gemacht werden, eines Mondes, der für die Veränderung steht und dem Erzengel Gabriel, der dem Wasserelement zugeordnet wird. Jesod nennt man auch die Schatzkammer der Vorstellungen. In der Sephirah Jesod entsteht der astrale Lichtstoff, der unter anderen alle unsere Vorstellungen, Gedanken und Emotionen, sowie geplante und vollbrachte Taten von Inkarnation zu Inkarnation in Bildern speichert. Das Astrallicht speichert auch die Gesamtvorstellungen der menschlichen Rasse von Beginn ihrer Existenz an.

Die Cherubim schützen jeden, der seine Lebensaufgabe in der Umwandlung seiner Leiblichkeit in einen ätherischen Lichtstoff – in den „*corpus gloriosum*" sieht. Der Erzengel Gabriel und die Cherubim stehen jedem bei, der den Weg zur Gottwerdung sucht und mit der Goldung sein irdisches Dasein für immer beenden wird. Dieser Prozess kann jedoch erst in der Sephirah Malkuth beendet werden, weil nur dort die physische Leiblichkeit geformt werden kann und der Erzengel Sandalphon bei dieser Umwandlung ein wertvoller Helfer sein kann. Erzengel Gabriel ist Schutzherr der Familien. Bei der Inkarnation führt er die Seele in die vorgesehene Familie und überwacht den Vorgang der Empfängnis. Auch in diesem Bereich geschieht nichts ohne das Wirken Gottes. Sein Inkarnationsplan für die Seele wird unter Berücksichtigung der richterlichen Urteile von den Saturnengeln und dem Einverständnis der Seele mit ihren künftigen vorauserblickten Schicksalsabläufen auf der Erde, koordiniert.

j. Engel von Sephirah Malkuth.

Im Hebräischen bedeutet Malkuth das Reich. Darum wird sie auch symbolisch als eine junge Frau, die eine Krone trägt und auf einem Thron sitzt, dargestellt. Malkuth belegt den untersten Platz auf der Säule des Gleichgewichts. Für Malkuth gibt es viele Bezeichnungen: Die Jungfrau, Das Tor zum Garten Eden, die untere

Mutter, das Tor der Gerechtigkeit, das Tor der Tränen, das Tor des Todes u. ä. mehr. Der Gottesname für Malkuth lautet: Adonai Melekh, Adonai ha Arez. Ihr Erzengel heißt Sandalphon und die Engelordnung Ischim, die Feuerseelen. Als spirituelle Erfahrung bringt sie die Vision des heiligen Schutzengels. Ihre körperliche Entsprechung befindet sich in den Füßen. Ihre Farblichter in den vier Welten: Gelb im Azilut; Zitronengelb in Beriah; leicht abgedunkeltes Zitronengelb in Jezirah; Schwarz gestreift mit Gelb in Assia.

Die Sephirah Malkuth wird keineswegs mit unserem materiellen Universum gleichgesetzt. Ihr ist der astrale Lichtstoff – ausgestrahlt von Jesod – zugeordnet, in dem sich, unter anderem, die vier Reiche der Naturwesen und darüber hinaus die feinstofflichen Engelsphären aller Sonnen, Planeten und Monde des materiellen Universums, sowie die sogenannten Himmel der Religionen befinden.

In Bezug auf den Menschen ist es jene Schicht der Seele, in der die Berührung mit dem Körper stattfindet. Über diesen Teil des Astralstoffs wäre sie mit dem Körper verbunden. Durch ihn kann sie den Körper beleben und benutzen. Manche Kabbalisten glauben, dass dieser Grenzstoff auch das ätherische Doppel bildet, der den physischen Leib mit der Lebenskraft der Seele speichert, über den sie auch ihren Körper steuert und leitet. Andererseits gingen auch alle Empfindungen des Körpers über ihn in den Seelenraum über. Die Seele bleibt über das astrale Doppel in Berührung mit der Außenwelt. Es wäre der von den Cartesianern gesuchte Mittler zwischen der Geistseele und der groben Materie des Körpers. Nach dem Verlassen des Körpers durch die Seele löst er sich nicht sofort auf und bleibt manchmal dutzende von Jahren als die unterste Verhüllung der Seele bestehen.

In der Ausbildung feiner Körperstoffe, die in den Organen, wie Hirn, Rückenmark und den Plexen zu finden sind, finden wir die Tendenz der Seele zu Materialisierung einen Teil ihrer Astralmaterie. Die Beseelung des Leibes ermöglicht die Interpretation des Körpers als ein Spiegelbild der Seele. Der Körper bildet auch von sich aus keine Krankheiten, trotz anders lautender Theorien. Hinter jeder Erkrankung stehen immer die durch Gedanken und Emotionen geschwächte Seele und der Geist, die ihre Seinsschwächen an den Körper weiterleiten über den spezialisierten Astralstoff des Doppels. Von diesem Gesetz sind auch die genetisch bedingten Krankheiten erfasst, weil das Karma zuerst in der Seele und wegen ihr aktiviert wird.

Zum Malkuth gehört auch unser Selbstbild und alle Emotionen, die sich im Körper ausbreiten. Durch unsere Lebensweise fördern wir oder ruinieren wir unseren Körper. Auch darum ist er ein Spiegelbild der Seele. Alle Spannungen, Ängste, Selbstaggressionen, Selbstentwertungen, Ablehnungen des Lebens, gehören zum Malkuth, und gleichzeitig belasten sie unser zukünftiges Leben, weil sie in der Astralmaterie abgebildet werden.

Das religiöse Schrifttum warnt seit Jahrtausenden vor der Opferung der Körperlichkeit an den äußeren Lebenserfolg und erinnert daran, dass der Körper Tempel des allmächtigen Gottes sei. So auch Paulus im ersten Korintherbrief (6, 19-20): „*Oder wisst ihr nicht, dass euer Leib ein Tempel des Heiligen Geistes ist, der in euch wohnt und den ihr von Gott habt? Ihr gehört nicht euch selbst, denn um einen teuren Preis seid ihr erkauft worden. Verherrlicht also Gott in eurem Leib*!“

Die Seele soll lernen, den Sinn ihrer Inkarnation in der Weissung und Goldung des Körpers zu verstehen und ihn damit in die Gottähnlichkeit umzuwandeln. Solange die Seele ihren Körper als Werkzeug zur Befriedigung ihrer Wünsche benutzt, wird sie immer wieder in eine neue Verkörperung hineingeschickt. Erst wenn sie sich von der Erdgebundenheit befreit, wird sie langsam verstehen lernen, dass sie in einem ganz anderen Sinne für ihren Körper da ist: Um ihn in die körperliche Unsterblichkeit zu überführen.

Der Erzengel Sandalphon und seine Engel, stehen für die Verwirklichung der Ziele der Sephirah Malkuth. Sein Name bedeutet „Der Klang der Sandalen“, der entsteht, wenn er die Erde berührt. Diese Metapher will andeuten, dass bei Überbringung von Botschaften an uns, keine außergewöhnlichen Lichterscheinungen entstehen und alles sich in geweihter Stille abspielt. Seine Botschaften legt er direkt ins Herz. Der Inhalt seiner Botschaft wiederholt sich ständig: Ziehe dich aus dieser Welt zurück, verschwende nicht deine Kräfte an vergängliche Wünsche, erkenne den Sinn deines Daseins und werde zu dem, was du werden musst. Er ist nicht alleine der Überbringer von Botschaften aus der Heimat - unserer geistigen Welt. Er stellt der Seele, die ihm folgt, alle nötigen Kräfte zur Verfügung und darunter an erster Stelle seine Engel. Sie beschützen uns vor einem Rückfall in die Materie und verleihen der Seele die Fähigkeit der Ausdauer, zum Durchhalten und zur Konzentration auf ihr Lebensziel.

Kapitel VIII Zwei Wege der Evolution: Engel und Menschen.

a) Nebenwirkungen der Engelverehrung.

1. Wunschversklavung.

Für die labyrinthischen Irrwege, die uns in der Gefangenschaft weltlichen Lebens festhalten und den tief ersehnten Lichtaufstieg vereiteln, ist unser korruptes Ich verantwortlich. Mit diesem blamierten Ich dürfen wir uns eigentlich nicht vor einem unschuldigen Engel präsentieren. Alles, was wir in diesem Zustand von ihm erbitten, würde unsere Versklavung nur noch verlängern.

Zu allererst brauchen wir das Ziel- und Sinnwissen, die Krisis der bisherigen Existenz, eine Wende in unserer Schicksalskurve. Wenn wir aus der geistfernen Realität aussteigen, uns nicht mehr in die falschen Wünsche und Anschauungen verbeißen, dürfen wir auf das eigene Richtigsein hoffen und um Unterstützung bei den Engeln bitten.

An die Engel wenden sich nicht nur unschuldige, leidende Seelen, fromme Gläubige, christliche Kirchen und alle die Gutes tun möchten. Die Engelbücher finden wir auch, wenn nicht sogar zum größten Teil – in den Händen primitiver, geistfremder Ichmenschen, die von Vitaltrieben und Profitstreben besessen sind. Von Sinnen gepeitscht und vom Virus des Besitzes infiziert, üben sie auf die Engel des materiellen Erfolgs, um Reichtum und Überlegenheit zu erreichen. In den gleichen Engelsphären, wo die guten Engel zuhause sind, wohnen auch die negativen Engel. Wer ihre Namen hat und die Verbindung herstellen kann, wird selbst zum bösen Menschen.

2. Engeloptimismus und geistige Faulheit.

Seit Jahrhunderten schwächt der fehlgeleitete Engelglaube die menschliche Natur. Wir erwarten immer mehr von den Engeln und immer weniger von uns selbst.

Der Engeloptimismus erwächst auf dem Boden geistiger und psychischer Faulheit, dem bequemen Nichtstun im eigenen verwilderten Garten. Jeder hat die Pflicht, auf sich selbst aufzupassen, umsichtig zu reagieren, sich vor Gefahren zu schützen und zu lernen, immer im Hier und Jetzt zu sein. Unser himmlischer Vater beschützt jeden Grashalm und jedes Haar auf unsrem Kopf, sagte Jesus. Er bewohnt jedes Herz und kennt jede Sorge. Selbst- und Gottvertrauen darf nicht verwässert werden. Woher haben wir den egoistischen Wunsch, dass die ganze Schöpfung uns zu dienen hat? Sogar die heiligen Engel des Himmels? Als Lückenbüßer für unsere Fehler sollen sich die Engel ihre Vollkommenheit verdienen? Wäre dem so, würde man sich dann noch wundern, dass sie rebellieren und von Gott abfallen?

3. Der egoistische Engelglaube verdrängt die Spiritualität.

Nach den Zeiten der von S. Freud ausgelösten sexuellen Pandemie und der folgenden geistigen Entmachtung des Menschen, kehren viele langsam wieder auf den Weg zur Versittlichung der eigenen Natur zurück. Langsam verschiebt sich das Schwergewicht der Existenz auf den Weg einer spirituellen Umwandlung des Bewusstseins. Ein Zeichen dafür wären die immer häufiger auftretenden Engelerfahrungen, begleitet vom hohen Grad und subjektiver Gewissheit.

Für den ersten Antrieb zu einer spirituellen Erforschung des eigenen Lebens, wären diese Impulse gewiss vorteilhaft. Der neue Engelglaube ist jedoch zu oberflächlich und verfügt über keine Macht, den Menschen auf ein höheres geistiges Niveau zu erheben. Er führt eher zu einer bequemen Vergesslichkeit der Pflicht, zu eigener, geistiger Kraft zu finden. Alles, was der Engel vermag, kann potenziell jeder Mensch. Auch er ist ein Geistwesen, ausgestattet mit allen Anlagen, den Himmel zu erstürmen. Diese Anlagen sollen geschult, entwickelt und eingesetzt werden. Und weil wir das Ebenbild Gottes sind, was die Engel nicht von sich behaupten können, stünde uns sogar die Allmacht zur Verfügung.

4. Wo seid ihr Engel gewesen?

1. Abertausende Kinder sterben Jahr für Jahr an Hunger und Krankheiten. Andere werden von ihren Eltern verkauft oder des Hauses verwiesen und zu Freiwild der kriminellen Erwachsenen. Ein noch schlimmeres Los erduldeten die Kinder im Mittelalter. Oft wurden sie mit ihrer Mutter, die als „Hexe“ verurteilt war, auf dem Scheiterhaufen verbrannt. Und bei allen Katastrophen heute, bei Autounfällen, Kleinkriegen, Erdbeben, Tsunamis, Erdrutschen, Überschwemmungen u. ä. – befinden sie sich nicht auch da unter den Toten? Wo waren und wo sind ihre Schutzengel?

2. Was mich am meisten schockiert, ist der Blick auf einen Friedhof. Die Verstorbenen halten sich auf den Friedhöfen auf, streiten oft um „ihren Platz“, weil nach einigen Jahren neue Leichen am gleichen Platz begraben werden. Sie gehen auch in ihre alten Wohnungen zurück, die oft bereits anders aussehen und anderen gehören.

Auch in den berühmten Ferienorten in Frankreich z. B. beobachtete ich tausende „Urlauber“ – die meisten in den Trachten der zwei letzten Jahrhunderte – wie sie gemütlich auf dem Meerwasser der „*Baie des Anges*“ in Nizza, Cotes D´Azur, flanieren. Sie haben noch nie einen Engel gesehen, der sie in den Himmel führen würde. Sie verstehen ihre Lage nicht, aber nach einiger Zeit gewöhnen sie sich an ihren Zustand. Einem Engel unter den Entkörperten bin ich niemals begegnet. (mehr davon in meinem Werk “Jenseits und Unsterblichkeit“). Ein Sterbegeleit haben die Entkörperten nie erlebt.

3. Es liegt nicht in meiner Absicht, die Engel, die sich zum Sterbegeleit verpflichtet haben, mutwillig zu belasten. Das Problem liegt wahrscheinlich tiefer: Ist ohne innere Wandlung eine Heimführung überhaupt möglich? Finden wir einen Engel, der uns nach oben führen wird, wenn wir noch der Schwerkraft unserer Taten nach unten gehören? Kann uns ein Engel ohne unser Dazutun, für das Jenseits reinigen, uns himmlische Tugenden schenken? Kinder, z. B., gibt es unter den Friedhofswächtern keine. Jugendliche sind oft nach einigen Monaten auch vom Friedhof weg. Die Entkörperten besinnen sich auf ihren Zustand und befreien sich selbst von der Erdschwere.

4. Ich habe aus diesen Erfahrungen gelernt, dass wir uns selbst das Wissen erwerben müssen, das uns spontan, nach der Entkörperung, an unseren Bestimmungsort in der astralen Sphäre führen wird. Wenn wir daran zu Lebzeiten arbeiten, vergeistigen wir uns und trennen uns von der Tierhaftigkeit des Leibes. Wir verlassen die Welt bereits vor dem Sterben. Alleine durch das biologische Sterben wird man für das Leben danach nicht automatisch reif. Eine notwendige Umwandlung von einem

Leben in das andere, gehörte in den früheren Zeiten zum Ziel des irdischen Aufenthalts. Der Sterbeengel, falls er dann überhaupt noch nötig ist, wird uns zu unserem Platz führen, den wir bereits auf Erden erkämpft haben. Allgemein dürfen wir wohl sagen, dass wir sicherlich an einen Ort kommen – mit oder ohne Geleit – für den wir Tag für Tag, im Schweiße unseres Angesichts, gearbeitet haben.

5. Engel, die mächtigsten Wesen?

Den Höhenpunkt der Schöpfung bilden nicht die Geister und nicht die Engel. Es fehlt ihnen dazu das vierte Element – die Erde! Die älteste Deutung der Natur Gottes hat sich der Elementelehre bedient und Gott als die Einheit der vier Elemente verstanden. Um das höchste Wesen im Universum zu verdeutlichen, klingt die Erklärung zu einfach. Erst, wenn man den Begriff der Elementeeinheit in Gott zu verstehen beginnt und sich vorstellt, dass die Erde das Bewusstsein Gottes bezeichnet, das mit seinem Verstand (das Luftelement) identisch ist und sein „Feuer" den absoluten Willen bedeutet, der mit „Wasser", das zu Liebe geworden ist, eins ist, dass also auf der göttlichen Seinsstufe die Elemente eine einzige, vom Inhalt her identische Substanz bilden, verstehen wir besser, warum ein Vierelementewesen die Gottähnlichkeit hat. Im ganzen Universum besteht nur Gott und Mensch aus vier Elementen. Auch wenn man im Universum ein vierpoliges Wesen finden würde, könnte man nicht behaupten, dass es höher stünde als der Mensch!

Aus dieser Sicht soll man auch die himmlischen Fürsten, Erzengel und Engel betrachten, die nie eine Gottähnlichkeit erreichen können. Wir verstehen dann auch den Psalmisten besser, der fragt: „ *Was ist ein Mensch, dass*

Du seiner gedenkst und ein Menschenkind, dass Du Dich seiner annimmst? Du hast ihn wenig niedriger gemacht denn Gott. Du hast ihn wenig fern sein lassen von Gott " (Ps. 8) Die noch bestehende Distanz wird im spirituellen Evolutionsprozess ausgeglichen. Die Menschen sind die wahrhaftigen Kinder Gottes und seine Erben. Im Moment sind wir im Übergang und von jeder einzelnen Persönlichkeit hängt das Erreichen des Endzustandes ab. Als Menschen sind wir mächtig genug, um unsere transzendenten Hausaufgaben selbst zu erfüllen. Wir wissen es auch, worum es dabei geht: Wir sollen unseren Geist verleiblichen und den Leib vergeistigen. Dieses Motiv begleitet alle meine Bücher. Weil die Engel nicht nach dem Bild Gottes erschaffen wurden – es fehlt ihnen die „Erde" – können sie auch nicht bei unserer Sinnerfüllung helfen. Sie besteht ja für uns gerade in der Umwandlung des Leibes zum "corporem gloriosum" – zum Glorienkörper. Parallel zu uns folgen sie einem anderen Evolutionsweg. Nach Gott sind wir das mächtigste Wesen im Universum.

6. Können die Engel immer helfen?

Der Weg zur Erfüllung des Lebenszieles führt für uns Menschen über das asketische Kämpfertum. Den Engeln ist er aus ihrer eigenen Erfahrung unbekannt. Unsere Hausaufgabe müssen wir also alleine meistern. Die ungeläuterte Leiblichkeit ist aus der Sicht der geistigen Evolution nur ein vorläufiger Zustand des Menschen. Durch Entsagung und Askese werden alleine wir den Sog nach außen überwinden und den Weg nach innen beschreiten. Auf diesem Kreuzweg gingen die Engel nie. Unser welthaftes Vorhandensein ist aus der Sinnperspektive des

Menschen keine Strafe für Sünden der Seele in einer mystischen Urzeit. Sie ist von Gott und Mensch gleichzeitig eine urgewollte Wegetappe zur Vervollständigung unseres Gottseins.

Wie wir die Tierhaftigkeit umzuwandeln haben, wissen wir in unserer westlichen Hemisphäre mindestens seit über zwei tausend Jahren. Auch die Engel kennen keine Ausweichpfade für uns. Den Weg zur Selbsterkenntnis und damit zur Gotterkenntnis in uns, versperrt uns nicht das Schicksal, sondern die eigene Biologie. Unseren Weg zur Vollendung der eigenen Natur dürfen die Engel nicht verkürzen oder erleichtern. Das haben sie auch bei der Kreuzigung von Jesus nicht gewagt. Uns entschädigt jedoch die eigene, innere Natur. Sie verbirgt in sich eine wahre Schatztruhe mit göttlichen Offenbarungen an uns persönlich, die bei Befolgung ganz sicher zur Erfüllung der göttlichen Absicht führen. Wie bei Befolgung der wissenschaftlich, erprobten Vorgehensweise sichere Erkenntnisse gewinnbar sind, so sind auch die Erkenntnisse unseres Selbstes in der Tiefe des persönlichen Seins unangreifbar, wenn wir uns der seit tausenden von Jahren aufgestellten Methoden der Selbsterforschung bedienen. Weil die Engel mit diesem Problem nicht konfrontiert sind, haben sie auch für uns keine leichteren Rezepte parat. Ihre Natur ist anders konstruiert und sie verfolgen andere Evolutionsziele. Aber wir schaffen es auch ganz allein. Sobald wir den Wünschen und Abneigungen nicht mehr unterworfen bleiben – und das wäre der Lohn der Askese – kehrt auch der Verstand zu eigenem, innerem Licht zurück, das den Sinn von allem Existierendem offenbart. Unsere Tüchtigkeit darf durch Abwerfen von eigenen Pflichten auf andere Wesen nicht geschwächt werden.

Für die Engel gibt es noch eine andere Schranke, die sie bei Hilfeleistungen an die Menschen nicht überschreiten dürfen. Die meisten Menschen geben bis zum Tode die Gefolgschaft ihres Lebens im Ich nicht auf. Das Ich ist eine Wand, vor der die Engel stehen bleiben müssen. Ein ichzentrierter Mensch bewegt sich im Labyrinth seines Egoismus und jede Wunscherfüllung entfernt seine Schritte vom Ausgang aus seiner Verschlossenheit.

b) Das Aussehen und die Verständigung mit Engeln

1. Das Aussehen der Engel.

Die Bundeslade zeigte zwei Cherubim mit je zwei Engeln. In der Kunst werden die Engel fast immer mit zwei Flügeln dargestellt. Wer sich intensiv eine Engelvision wünscht und dabei denkt, dass Engel Flügel haben, wird sicherlich einen geflügelten Engel sehen. Von sich aus haben jedoch die Engel keine Flügel. Auch die Ophalim oder die Cherubim nicht. Das Licht in ihrer Aura ist auf der Brusthöhe, besonders von der Rückenseite, so stark ausgedehnt und konzentriert, dass es an Flügel erinnert. Weil sie nicht an Raum gebunden sind und keine erdigen Körper besitzen, ist ihnen auch das Gefühl der Schwere oder der Distanzüberwindung vollkommen fremd. Die Vorstellung von irgend einem kosmischen Punkt reicht aus, um zeitlos an diesem Punkt zu erscheinen. Die Sphärenengel und die christlichen Engel passen ihre feinstofflichen Körper an die menschliche Form an. Sie haben Augen, Ohren, Hände, Beine und den Rumpf mit Kopf. Weil der angepasste Feinstoffleib keine Materie in unserem Sinne hat, kann der Engel selbst durch Granitwände und Felsmassive zeitlos hindurch kommen. Auch wir Menschen besitzen diese Fähigkeiten, wenn wir zeitlos den Körper verlassen und in unserem Mentalleib Exkursionen im Universum unternehmen.

Wie auch die Erdgeister in unseren Fluren, besitzen die Engel die Fähigkeit, ihre Erscheinungsform an die Erwartung ihrer Betrachter anzupassen. Sie können größer oder kleiner, licht- oder farbgewaltig, lieblich oder drohend, abgehoben oder zugänglich erscheinen. Auch wenn ein Engel zitiert wird, zeigt er sich nicht in seiner ursprünglichen Gestalt, in der er in seiner Sphäre tätig ist. Dass er für ein geschultes, hellsichtiges Auge überhaupt sichtbar ist, deutet dieses Phänomen auf den Besitz mindestens einer ätherischen Hülle, die zu seiner Natur gehört. Seine ätherische Hülle fluoriszíert, vibriert pausenlos, schimmert in allen Farbnuancen, leuchtet auch im Sonnenlicht, dann aber kraftvoll, wie die Sonne selbst. In seiner Lichtaura ist jedoch immer der Farblichtstoff seiner Sphäre. Daran erkennt man seine heimatliche Zugehörigkeit.

Die Engel haben keinen irdischen Körper, auch in der Vergangenheit haben sie nie einen getragen. Es gibt auch unter den Engeln keinen, der früher ein Mensch gewesen wäre und später zum Engel mutiert hätte. Sie besitzen den Sphärenkörper, d. h. einen feinstofflichen Astralkörper, der ihren Mentalkörper umschließt. Geister ohne den ätherischen Astralleib gibt es nicht. Ihr Astralkörper wird von mentaler Energie unterhalten und regeneriert. Von Krankheiten und Leiden sind sie durch ihre Hüllen geschützt. Von Gefühlen und Emotionen sind sie jedoch nicht frei. Sie halten sich im Erdreich, in der Luft, im Feuer und Wasser frei auf und sind vom Werden und Vergehen vollkommen verschont. Eine theoretische Schwankung besteht unsererseits bezüglich ihres Wesens.

Engelforscher vermuten, dass sie Kräfte und Schwingungen sind, die sich zu personifizierten Wesen analog verhalten. Ich selbst nehme an, dass sie Substanzen sind, die alle ihre Eigenschaften tragen.

Es gibt positive und negative Engel. Die negativen wären nach menschlichen Moralkriterien, Dämonen. Ich meine nicht, dass sie im absoluten Sinne dämonisch sind. Ihnen fehlt lediglich noch die innere Reife zu absoluter Vollkommenheit. Sie sind nur dann böse, wenn man sie darum bittet. Was sie anstellen, geht nicht auf ihr Konto, sondern des Menschen, der sie engagiert.

Die Engel erscheinen in den Eigenschaften ihrer Sphäre. Die Venussphäre z. B., die Millionen dort lebender Engel, sind mit der Eigenschaft der Schönheit, die der Liebe entspricht, geprägt. Liebe und Hass – beide Gesichtshälften, gehören zur Sphäre der Venus. Die Saturnengel sind dagegen von ihren Gesichtszügen, von ihrer Ausstrahlung, vom Farblicht ihrer langen Togen her, ungemein ernst, streng, durchdringend, abweisend und sehr kalt, echte Ritter ohne Gnade!

2. Das Problem der Verständigung.

Der Mystiker ***Emmanuel Swedenborg*** schrieb, dass Engel Sprachorgane, Mund, Zunge und Ohren besitzen und wären von einer Luftschicht umgeben, in der sie ihre Laute artikulieren. Die Überlieferung würde dieser Schilderung nicht zustimmen. In meinen Begegnungen mit Engeln, entstanden die Worte in meinem Inneren. Ich habe sie mehr in meiner Brust, als in den Ohren lokalisiert. Auch das Gesicht des Engels, besonders seine Lippen, hatten sich nicht bewegt. Sein Geist sprach direkt zu meinem Geist. Auch der Gesichtsausdruck, die Mimik und Gestik waren voller Bedeutung. Ein lautes Sprechen, das über die Ohren ginge, habe ich in keiner Sphäre wahrgenommen. Wollen wir uns direkt mit dem Engel verständigen, dann wäre es besser, unsere Biologie und Psychologie – den Leib also mit dem unteren Astralkörper – zu verlassen und zu lernen, uns in den Engelsphären zu orientieren. In der Präsenz des leiblichen Daseins sind wir allen Täuschungen ausgesetzt, auch dann noch, wenn unsere Erfahrungen fromme Einschnitte zeigen. Unsere weltliche Verhaftung, die wir der Körperlichkeit und der Psyche verdanken, steht der Begegnung mit körperlosen Intelligenzen im Wege.

Wie die entkörperten Seelen im Jenseits (Astralsphäre), so auch die Engel untereinander und in der Kommunikation mit Menschen, unterhalten sich fehlerfrei durch die Bildsprache, d. h. man unterhält sich auf dem Wege der Vorstellung. In dem Moment, wo ein Engel oder ein entkörperter Mensch einen Gedanken bildet, entstehen feinstoffliche Schwingungen, die sich im Gegenüber, in Begriffen und Vorstellungen manifestieren.

c) Die himmlischen Beschützer auf unserem Lebensweg.

1. Warum helfen uns die Engel?

Ist es so, dass uns die Engel aus purer Liebe helfen? Dieser Behauptung fehlt die theologische Begründung. Die Schutzengel wären ja „Boten“ von Gott, zu dieser Aufgabe geschickt. Sie helfen jedoch auch, weil sie unsere Autorität als das lebendige Abbild Gottes anerkennen. Sie sehen in uns das Ebenbild Gottes und darum beanspruchen sie keine Gegenleistung. Den helfenden Engeln ist es bewusst, dass, sobald der Mensch das Gottsein in sich selbst verwirklicht hat, er mehr erreichen und bewirken kann als jeder Engelvorsteher. Er weiß auch, dass die meisten von uns aus der Phase der geistigen Pubertät noch nicht heraus sind, dass sie zur Erschließung ihrer Natur noch heranreifen müssen. Sie wissen also, dass sie einem Gottwesen helfen.

2. Ursprünge des Glaubens an die Schutzengel.
Aus der Sicht der Religionswissenschaft, haben die Darstellungen der Schutzgeister in Sumer, Babylon und Assyrien zur Entstehung des Glaubens an die Schutzengel im Christentum beigetragen. So waren die, in der babylonischen Kunst dargestellten Cherubim, Fürbitter der Menschen, und Mittler zwischen dieser und der himmlischen Welt. Sie zählen zu den Vorbildern der jüdischen und christlichen Vorstellungen von Cherubim und Serafim. Auch der Begriff „*Bote*" ist vorbiblisch und vorchristlich. Der Bote schlechthin war *Hermes* – der große Angelos zwischen Göttern und Menschen. Auch die Darstellung des römischen Genius als eine ideale Menschengestalt mit Flügeln hat zur Entstehung des Glaubens an die Schutzengel beigetragen.

3. Die Erweiterung der Lehre vom Schutzengel.
Dass jeder Mensch einen Schutzengel hat, haben die griechischen Kirchenväter gelehrt. Der Bibel ist die Lehre unbekannt. Von Rom unterstützt, hatte sich diese Doktrin in allen christlichen Ländern verbreitet. Sie hat sogar die Heiligenverehrung auf den zweiten Platz verdrängt.

Die theologische Begründung für die Existenz der Schutzengel fand man vor allem in den Psalmen. Der *Psalm 91* beruft sich unmittelbar auf Gott, der uns die

Schutzengel entsendet. Er war Jahrhunderte lang von den Gläubigen auswendig gelernt und täglich wiederholt. Ich schreibe ihn hier in seiner ganzen Länge auf:

„Wer im Schutze des Höchsten wohnt und ruht im Schatten des Allmächtigen, der sagt zum Herrn: Du bist für mich Zuflucht und Burg, mein Gott auf den ich vertraue.
Er rettet dich aus der Schlinge des Jägers und aus allem Verderben. Er beschirmt dich mit seinen Flügeln, unter seinen Schwingen findest du Zuflucht. Schild und Schutz ist dir seine Treue. Du brauchst dich vor dem Schrecken der Nacht nicht zu fürchten, noch vor dem Pfeil der am Tage dahinfliegt, nicht vor der Pest, die im Finsteren schleicht, vor der Seuche, die wütet am Mittag. Fallen auch tausend zu deiner Seite, dir zu Rechten zehn mal tausend, so wird es doch dich nicht treffen. Ja du wirst es sehen mit eigenen Augen, wirst zuschauen, wie den Frevlern vergolten wird. Denn der Herr ist deine Zuflucht, du hast dir den Höchsten als Schutz erwählt.
Dir begegnet kein Unheil, kein Unglück naht deinem Zelte.
Denn er befiehlt seinen Engeln dich zu beschützen auf all deinen Wegen. Sie tragen dich auf ihren Händen, damit dein Fuß nicht auf einen Stein stößt;
Du schreitest über Löwen und Nattern, trittst auf Löwen und Drachen. Weil er an mir hängt, will ich ihn retten; ich will ihn schützen, denn er kennt meinen Namen.
Wenn er mich anruft, dann will ich ihn erhören, ich bin bei ihm in der Not, befreie ihn und bringe ihn zu Ehren.
Ich sättige ihn mit langem Leben und lasse ihn schauen mein Heil.“

Nach den Schutzpsalmen 4, 23, 31, 77, 78 und 143 führt Gott selbst den Menschen durch das Leben und behütet ihn vor allem Bösen. Die Widrigkeiten, Unglücke und Schicksalsschläge sind, trotz der göttlichen Assistenz, unvermeidlich, weil sie Läuterungsprozesse und die Trennung vom Weltlichen einleiten.

Zu der Propheten-Lehre gehörte auch die Wahrheit, dass ganze Völker ihren Schutzengel haben. Die Idee selbst kam von Ägypten. Und so haben die Juden den Michael gewählt, wie später auch Griechenland, Russland, Deutschland und Portugal. Im Psalm 127 lesen wir: „*Wenn der Herr die Stadt nicht behütet, so wachen die Wächter umsonst*." Nach den Kirchenvätern wäre es nicht Gott persönlich, der wacht, sondern die Engel, die über Einzelpersonen, Städte und Staaten wachen.

4. Schutzengel in der Lehre von *Thomas von Aquin* (1226 – 1274)

Hinsichtlich ihrer Weisheit und den Grad ihrer Vollkommenheit würden sich die Engel voneinander unterscheiden. Die bestehenden Unterschiede in ihrer Vollkommenheit spiegeln sich in den Hierarchien wider. Die höchste Hierarchie umfasst die Seraphim, Cherubim und Throne; die zweite – Herrschaften, Kräfte und Gewalten; zu dritten gehören: die Fürstentümer, Erzengel, Engel und damit auch alle Schutzengel. Nach Thomas Lehre wurden alle Engel von Gott erschaffen. Sie sind geistige Wesen mit Verstand, Intelligenz und freiem Willen. Sie wären jedoch auch auf Hochmut, Stolz und Neid anfällig. Manche von ihnen sind gefallen und wurden zu Dämonen.

Jeder Mensch, unabhängig von seiner Religion, hätte einen Schutzengel zur Seite. Er verletzt jedoch niemals die Willensfreiheit seines Schützlings, auch dann nicht, wenn er böse handelt. Auch wenn sein Schützling als Mensch böse ist, suggeriert ihm der Schutzengel positive Gedanken und Ideen. Die bösen Engel – die Dämonen – sind auch ständig in der Nähe, versuchen die guten Vorsätze zu vertreiben und sie mit bösen zu ersetzen. Wer dem Bösen widersteht, mehrt seine Verdienste. Der Schutzengel – nach Thomas – begleitet den Menschen ein Leben lang. Auch im Sterben steht er ihm bei. Er führt ihn zu seiner Stätte im Jenseits. Die Schutzengel sind groß, bestehen aus reinem Licht, haben kein Geschlecht.

d) Die Aufgabe der Engel.

1. Gott braucht Diener?

Die Theologie der Engel glänzte nicht immer mit Klarheit und Konsequenz. Die Engel als seinsautonome Wesen zu denken, als freie hoch intelligente und denkende Wesen zu sehen und gleichzeitig ihre Existenz zum Botendienst zu reduzieren, aus ihnen einen himmlischen „Briefträger" zu machen, der seinen Beruf ohne „Wenn" und „Aber" und zu jeder Zeit, mit göttlichem Elan und serviler Untertänigkeit zu leisten hätte – verträgt sich das mit seiner Autonomie und der Größe Gottes? Braucht ein Bote alle die Fähigkeiten, die wir bei den Engeln entdecken? Und dann: Ist nicht Gott selbst überall und auch in jedem Herzen? Wozu bräuchte er Boten? Gott ist nicht stumm! Täglich spricht er mit uns und durchdringt unser ganzes Wesen, auch die geheimsten und dunkelsten Ekken im Unbewussten. Wenn er laut zu uns sprechen will, hat er unser Gewissen als sein Sprachrohr. Und wenn wir auch da nicht folgen wollen, schickt er uns Katastrophen und Unglücke aller Art, die unsere Reflexion wecken und den Lebensweg korrigieren helfen. Auch wenn seine Boten, sichtbar für das Auge vor uns erscheinen würden, wäre es ein gefundenes Fressen für die Psychologen und Hirnforscher, die uns wegen pathologischer Verwirrungen in eine psychiatrische Klinik einsperren würden.

Wie alle anderen Wesen auch, gab Gott den Engeln die Freiheit für sich selbst und die Freiheit von Ihm.

Die Engel leben in einer Sphäre, spezialisieren sich im Rahmen eigener Interessen, schulen ihre Wahrnehmungsfähigkeit und wachsen in die Weisheit hinein. Sie kämpfen gegen negative Tendenzen in ihrem Wesen, überwinden egozentrische Neigungen und streben nach schattenloser Vollkommenheit. Ihre primäre Aufgabe besteht also im Fortschritt in eigener Vollkommenheit. In dieser Hinsicht unterscheiden wir uns nicht wesentlich von den Engeln. Gott erschafft keine Wesen wegen eigener Bedürftigkeit. Er braucht auch keine Diener für sich. Seine Wesen sind nicht vollkommen, verfügen jedoch über Freiheit, Bewusstsein und Verstand, um Vollkommenheit zu erreichen. Das ganze Universum befindet sich im Zustand der Evolution und die ist noch lange nicht abgeschlossen, nicht an ihrem Ziel. Um als intelligentes Wesen an der Vollendung der Schöpfung mitwirken zu dürfen, reicht das Bedürfnis alleine nicht aus. Nötig ist die Zielweisheit, die das Helfenkönnen lenkt. Diese Art von „Studium“ gehört zu der vornehmsten Aufgabe der Engel. Sie wollen die Schöpfungspläne ergründen, der verborgenen Finalität der Welten nachspüren und sich selbst ergründen. Ein Engel muss lange reifen, um die Universalweisheit in sich aufzunehmen und um ihr zu folgen.

Wenn die Geistwesen helfen, ist es nicht viel anders als bei helfenden Menschen: Sie haben den Weisheitspfad der freiwilligen Hilfe erkannt und ihre Persönlichkeit für diese selbstlose Tätigkeit tauglich gemacht. Alle die helfenden Engel in der Bibel und im Glauben anderer Religionen, gehen primär den Weg der Selbstverwirklichung und folgen der erkannten Weisheit der Schöpfung.

Zu ihren Aufgaben werden die Engel nicht von Gott gezwungen. Durch ihre innere Entwicklung sind sie zu dieser Tätigkeit selbst herangewachsen. Es wäre auch falsch anzunehmen, dass sie ihre Hilfsbereitschaft, vor allem auf die Menschen richten. Weil sie von Raum und Zeit nicht begrenzt sind, dürfen wir annehmen, dass sich ihre Tätigkeit entsprechend dem finalen Wissen, auf das ganze Universum erstreckt.

Die „sozialen Engel“ gehen auf die Nöte menschlicher Existenz ein, weil sie von ihrer „Zwischenstation“ zwischen dem himmlischen Gott und der irdischen Menschheit, sich zu dieser Aufgabe prädestiniert fühlen. Mindestens so hat man in den Zeiten gedacht, wo dem Glauben nach sich eine Kluft auftat zwischen Gott, der ganz oben über den Sternen wohnte und den Menschen selbst, die ganz unten, auf der dünnen Schale zu den Höllenwelten lebten. Diese Perspektiven haben sich längst aufgelöst, aber es freut uns Menschen, dass die Engel von ihrem Wesen her, an uns helfend herantreten und gleich mit und vor Gott gemeinsam unsere Nöte lindern. Im Buch „Tobias“ lesen wir: *„Da du so heiß weintest und betestest, da brachte ich dein Gebet vor den Herren. Nun hat Gott mich geschickt, dass ich dich solle heilen. Ich bin Rafael, einer von den sieben Engeln, die wir vor dem Herren stehen.*“
(Kap. 15) Das jüdische Volk betete jedoch direkt zu Gott, ohne sich auf die Vermittler zu verlassen:

„Trifft den Menschen ein Leid, so wende er sich nicht an Michael und nicht an Gabriel, sondern er wende sich zu mir und ich erhöre ihn sogleich." (Joel 3) Auch Jesaia (65, 24) beruhigt die betenden Herzen, in dem er sagt: *„Ich will antworten, noch ehe sie rufen; während sie noch reden, höre ich sie schon.*"

2. Haben die Engel ein besseres Los gezogen?

Die Theologen gingen der Frage nach, ob die Engel bereits bei ihrer Erschaffung vollkommen wären? Die meisten sprachen nur den Cherubim und Seraphim, sowie Michael und Gabriel die Vollkommenheit bei Erschaffung zu. Dem gegenüber sollten alle Engel die Seligkeit bei ihrer Erschaffung erhalten haben. Die Vollkommenheit sollte jedoch durch eigenes Handeln und Erkennen erarbeitet werden. Kritische Denker haben noch nachgefragt, warum nicht die Menschen eine gleiche Chance bekamen? Um Vollendung zu erreichen, stünde dem Engel die ganze Ewigkeit zur Verfügung, obwohl er keinen hemmenden Leib zu tragen hat, unsterblich ist und in den subtilen ätherischen Sphären lebt. Der Mensch dagegen wurde in die Körpermaterie eingefroren, dadurch geistig blind gemacht. Sobald er den Weg zu Gott gefunden hat, werden ihm Steine auf die Strecke geschleudert – auch von gefallenen Engeln. Würde er in einer unsterblichen Hülle im Sein erscheinen, hätte er längst alle Schwierigkeiten überwunden und vor dem Auflösungstermin für die Erde, die absolute Vollkommenheit erreicht. Die hinduistischen Religionen scheinen das Thema verstanden zu haben und geben jedem Menschen erneute Chance an Seiner Vollendung zu arbeiten, indem er immer wieder inkarnieren darf.

Kapitel IX Angriffe auf die Natur des Menschen.

a) Keine Gottebenbildlichkeit mehr?

Die von uns mehrfach erwähnte Gottebenbildlichkeit, die uns während des mentalen Wanderns befähigt, vor den hohen geistigen Genien und Vorstehern der Engelsphären zu erscheinen und im Namen Gottes Fragen zu stellen, die dann auch wahrheitsgemäß beantwortet werden müssen, wird von den christlichen Theologen nicht mehr als unveräußerlicher Besitz unserer Natur betrachtet. Der Verlust der Ebenbildlichkeit Gottes zählt – nach Meinung der Theologen – zu den Inhalten der Erbschuld und den Folgen der Sünde Adams im Paradiese. Auch über die Taufe wäre sie nicht mehr wieder herstellbar. Alle übernatürlichen „Gaben", worunter auch die direkte Hellsichtigkeit, visionäre Einsicht in die jenseitigen Welten u. ä. verstanden war, wären dem Menschen entzogen worden. Aber nicht nur diese seltenen Naturfähigkeiten hätten wir durch Adam verloren. Viel schlimmer trifft uns die Verwundung des natürlichen Verstandes und der Willenskräfte, der Verlust des emotionalen Gleichgewichts und die habituelle Neigung zu persönlicher Versündigung. Durch Einsicht, Denkkontrolle, natürliche Askese und direkte Willensanstrengung wären diese Güter nicht mehr herstellbar.

Wenn wir uns nun die Frage stellen, was wollen eigentlich die Vertreter der Erbschuld erreichen, warum verdächtigen sie so hartnäckig seit zwei tausend Jahren die Erbschuld, dann lässt sich nur ein Ziel herausstellen: Die Kirchen brauchen einen schwachen Menschen! Er soll seine Erlösungsbedürftigkeit erkennen und die helfende, ausgestreckte Hand ergreifen. Er soll auf dem gemütlichen Schoß der Kirche sitzenbleiben.

b) Das Übertragungsvehikel der Erbschuld.

Bis zur Entstehung der modernen Physiologie, wurde die Instrumentalursache für die Übertragung der Erbschuld im männlichen Samen (semen virile) gesehen. Die Mitwirkung des weiblichen Prinzips bei Entstehung des Menschen wurde geleugnet. Das „*semen virile*" hatte mit Samen in heutiger Bedeutung nichts zu tun. Darunter verstand man einen „*homunculus*", einen perfekt ausgebildeten Menschen im Kleinformat. Die „Homunculi" würden von Adam auf dem Wege der geschlechtlichen Sukzession auf alle Männer der Welt übertragen. Wie man sich das konkret vorstellen kann, blieb der Philosophie überlassen. Der Zeugungsvorgang bildete somit die Überleitung der Erbsünde. Und weil die Überleitung mit geschlechtlicher Erregung verbunden war, wurde auch der geschlechtliche Drang, - die Konkupiszens – mit in die Erbschuld, als ihrem Vehikel, hineingezählt. Die Erbschuld hätte jedoch einen geistigen Charakter und hinge nicht an materiellen Verläufen. Darum versuchten die Kirchenväter auch die Fortpflanzung selbst als einen geistig-moralischen Prozess zu vermitteln. Nach Augustinus ist die fleischliche Begierde die treibende Kraft der Übertragung von Erbschuld. Der Glaube an die bösen Folgen geschlechtlicher Vereinigung hat massenhaft Menschen in die Virginität getrieben und auf das Eheleben einen dunklen Sündenschatten geworfen. Das Problem der Erbschuld-Übertragung ist in der christlichen Anthropologie bis heute ungelöst.

c) Die Folgen der Erbschuld

1. Die Erbschuld gehört zur Ausstattung der menschlichen Natur. Der Makel an ihr besteht in der *„aversio in Deo*“ – der Gottabgewandtheit. Weil das Naturziel des Menschen im Erreichen der Einheit mit Gott ruht, ist die sündenträchtige Abgewandtheit von Gott, mit dem Scheitern der Naturintention, zur Einheit mit Gott zu gelangen, identisch. Der Mensch wird in die Gefangenschaft der Welt getrieben, weil er sich sekundären, irdischen Werten zuwendet und folglich bleibt er ein reines diesseitiges, vergängliches Wesen.

2. Der Zustand der Gnadenberaubtheit, der durch die Übertragung der Schuld von Adam auf die Menschen entstanden ist, wird zu der schwerwiegendsten Folge der Erbschuld gezählt. Dieses ererbte Übel hat keinen neutralen Charakter. Es ist mit potenziellen Strafen beladen, die sich im individuellen Leben ständig aktualisieren würden. Dann kann auch niemals – nach dieser Lehre – ein unschuldiges Kind auf der Welt erscheinen. Alleine durch die Annahme der menschlichen Natur, entsteht die Schuld vor Gott und der Plan ihrer möglichen Purition. Durch die nachfolgenden Sünden, macht diese primäre Schuld aus jedem Menschen einen habituellen Sünder.

3. Calvin und Luther erkannten in der Erbschuld die Ursache der Verderbtheit der menschlichen Natur, die sich im Widerstreben gegen Gott, im Unglauben und Egoismus äußert. Von allen Kräften der menschlichen Natur würde der eigene Wille am tiefsten geschädigt und korrumpiert werden. Der Wille ist jedoch die einzige Naturkraft, die den Menschen auf den Weg zur sittlichen Handlung bringen kann.

4. Ist die Erbschuld eine christliche Übertreibung?
Kurz vor Augustinus lehrte *Pelagius*, dass die Sünde Adams lediglich als ein böses Beispiel wirkt und niemals unsere Natur korrumpieren konnte. Außerdem brauchen wir eine starke Natur, um der Verführungskunst böser Mächte Widerstand zu leisten. Von Rom aus wurde jedoch diese Lehre verboten und ein langer Kampf gegen die *Pelagianer* ausgefochten.

Im Alten Testament finden wir nicht die geringste Spur von einer Übertragung der Adamsschuld auf die Menschheit. Seine Schuld wurde nicht vererbt und die allgemeine Sündhaftigkeit der Menschen liegt in der Verantwortung eines jeden Sünders. Auch in den Schriften des Neuen Testaments haben wir – außer Paulus – an keiner Stelle mit dem Versuch zu tun, die Verfallenheit der Menschen an die Sünde, auf die Schuld im Adam zurückzuführen. An der Sündhaftigkeit der Menschen wäre nicht die Ursünde schuld, sondern die Verführungskunst Satans und die Unbeherrschtheit individueller Menschen.

Die Kirchenväter, besonders Augustinus, haben sich, bei der Übertragung der Erbschuld, auf den Römerbrief (5, 12) berufen: *„Durch einen einzigen Menschen kam die Sünde auf die Welt und durch die Sünde der Tod und auf diese Weise gelangte der Tod zu allen Menschen, weil alle sündigten."* Die Exegeten stufen diese Aussage – „weil alle sündigten" – als umstritten ein. Im gleichen Brief (3, 22) scheint die Ursache des Todes in der persönlichen Sünde zu liegen. Wäre es tatsächlich so, dass infolge der Adamsünde alle Menschen, auch ohne die persönliche Versündigung, Sünder geworden wären, mit allen Konsequenzen für ihre eigene Natur, darunter auch des bodenlosen Egoismus, der überall nur eigenen Vorteilen nachläuft, würde sich die Frage anschließen: Wäre die Förderung seitens der Kirchen sinnvoll, die Gläubigen zur Engelverehrung anzuhalten? Die ichbezogenen Menschen würden von den Engeln vor allem materielle Vorteile und irdische Güter erbitten und noch tiefer der Weltlichkeit verfallen. Wenn dann noch der Kult der negativen Engel mit ihren Namen und Sigillen, den breiten Massen bekannt gewesen wäre, hätten wir als Folge davon, mit der wahren Korruption der menschlichen Natur zu tun. Den egozentrischen Menschen fehlt – laut Lehre – die eigene Kraft, um aus dem verfallenen Selbstsein herauszuwachsen. Unter den Lebensbedingungen der modernen Welt könnten sich auch die stärksten Persönlichkeiten vor der Weltverfallenheit nicht mehr retten. Der postadamische Mensch würde bei jeder Gelegenheit dem Feuerofen der Anfechtung unterliegen.

Die theologische Predigt von der unverschuldeten Erbschuld, ermöglicht den modernen Sündern ihre persönliche Schuld zu entschuldigen und dem Bösen überhaupt keinen Widerstand mehr zu leisten. Die Möglichkeit der Erbschuld ist eine „gute“ Gelegenheit, eigene Schuld am bösen Geschehen zu verharmlosen, sich um die Triebbeherrschung überhaupt nicht mehr zu kümmern und wegen der eingetretenen Schwächung der Natur, jeder Erziehung zum Einhalten ethischer Prinzipien, unter Berufung auf den bösen Adam, aufzugeben.

Die Unterwerfung des Körpers unter die Zeitlichkeit, die nach der christlichen Lehre auch zu den Folgen der Erbschuld gehört, weil sie das Sterben zu Folge hat, erweckte in der ganzen Christenheit die Sehnsucht nach einem unsterblichen Glorienkörper, der allen Gerechten am Jüngsten Tag versprochen wurde.

Die von der theologischen Anthropologie verklärte Leiblichkeit, würde dem Zustand des Menschen entsprechen, wie er vor dem Fall von Gott vorgesehen war.

Mit dem *corporem gloriosum* beschäftigen sich die Hermetiker aller Couleurs seit Tausenden von Jahren, vor allem jedoch die Alchimisten. Die streng geheim gehaltene Übungsreihe, die zu seiner Entstehung führt, war den Altägyptern, den Chinesen, den Indern und auch den Griechen bekannt. Der einzige Unterschied zum Christentum besteht in der Lehre der Christen, dass die Bereitstellung dieses Körpers nicht aus eigener menschlicher Kraft möglich ist. Dabei wird wiederum an die Folgen der Erbschuld gedacht, die unsere Natur geschwächt hätten. In den anderen Kulturen ist die Verleiblichung des Geistes und die Vergeistigung des Leibes eine rein menschliche Handlung, die sogar in der Zeit von zwei Monaten zur Herstellung eines unsterblichen Körpers führen kann. Auch in dieser Hinsicht ist die sündhafte Bequemlichkeit einer überflüssigen Lehre, die von Gott die Früchte des Tuns erwartet, die der Mensch selber bewirken soll.

d) Die Konkupiszens.

1. Sie soll die allerschlimmste Folge der Erbschuld bilden. Der Kern der Konkupiszens liegt in der sexuellen Triebhaftigkeit. Spätestens in der Reifezeit wird jede Zelle des menschlichen Organismus geschlechtlich geprägt. Die Triebhaftigkeit bleibt jedoch nicht im Organismus – nicht die Körperzellen haben das geschlechtliche Verlangen. In der Triebumklammerung befindet sich der Mensch, sein Ich. Die Konkupiszens prägt die Leiblichkeit und die gesamte seelisch-geistige Dimension des Menschen.

2. In der Genesis (1, 27) lesen wir: „*Gott schuf den Menschen als sein Bild. Als Bild Gottes schuf er ihn. Er schuf sie als Mann und als Weib.*“ Damit gehört zur Verschiedenheit beider Wesen – die Geschlechtlichkeit mit all ihren Diffenrenzierungen.

Die Theologen sprechen von Geschlechtlichkeit Gottes in analoger Weise zur menschlichen Geschlechtlichkeit und heben Liebe innerhalb der trinitären Einheit und die Liebe zu seinen Schöpfungen hervor. Die Geschlechtlichkeit der Menschen hat jedoch ein Gesicht als die Liebe des göttlichen Vaters zu seinem kosmischen Sohn. In Genesis (2, 18) sprach Gott weiter: „*Es ist nicht gut, dass der Mensch allein sei. Ich will ihm eine Gehilfin schaffen, die ihm gleichgeartet ist*“ und weiter: „*Adam erkannte sein Weib Eva.*“ (4, 1)

Das Wort „Erkennen“ steht hier für Geschlechtsverkehr. Somit hätte Adam und Eva bereits vor dem Sündenfall, die Konkupiszens, den sexuellen Drang der eigentlich, der Lehre nach, die Folge der Sünde wäre. Aus dieser Inkonsequenz wollen die Theologen dadurch heraustreten, dass kraft göttlicher Bestimmung Adam und Eva zum Ehepaar wurden. Die Sünde der Unzucht geschieht dagegen außerhalb des Ehebundes. Trotzdem steht immer noch der Trieb selbst in der bösen Aura der Sünde, weil er auch in der Ehe von Gott ablenkt. Darum galt der Mann in Israel durch den Samenerguss und die Frau durch die Menstruation und die Geburt eines Kindes, als unrein (Lv 15, 18). Nach Paulus hätten die Unzüchtigen keinen Zutritt zum Reich Gottes.

3. In der Sicht der vergleichenden Religionswissenschaften wäre die biblische Erzählung vom Erschaffen des ersten Menschenpaares eine Abschrift altmesopotamischer

Menschenschöpfungsmythen. Dort wurde der Mensch als Bild Gottes erschaffen und zum Dienste der Götter bestimmt. Er lebte in Eden, im Göttergarten, und lauschte im Rate Gottes nach der Weisheit. Wenn wir nun zu der Bibel zurückkehren, scheint ein Menschenprädikat, sein Spezifikum, das „*Sein wie Gott*" zu sein, der Mensch als „*Bild Gottes*" (Gn 11, 1-9). Darauf gründet seine Bestimmung zum Herren der Erde und ihrer Geschöpfe. Nach seinem Fall wurde ihm also die Gottebenbildlichkeit nicht weggenommen. Darum ist auch die Behauptung spekulativer Theologie falsch, dass zu den Folgen der Erbschuld, der Verlust der Gottebenbildlichkeit gehören würde.

In neuen Untersuchungen und Deutungen des Terminus „Bild Gottes", denken die Theologen an eine Abgebildetheit Gottes im Menschen. Der Mensch wäre Gott „ähnlich an Gestalt und Aussehen." Die Theologen scheinen für diesen Augenblick vergessen zu haben, dass Gott keine äußere Gestalt besitzt, die sich abbilden lassen würde. Die Ebenbildlichkeit bezieht sich auf sein transzendentes, ewiges überräumliches und überzeitliches Sein, das in der Wirklichkeit des Menschen abgebildet ist, die Substanz Gottes selbst. Durch die Erbschuld kann sie nicht aufgehoben werden, weil damit auch der Mensch sofort vernichtet worden wäre.

4. Weil die theologisch unlösliche Verwicklung in die Geschlechtsproblematik, große theoretische Schwierigkeiten bei der Einordnung bereitete, wurde statt Ehe die Jungfräulichkeit hervorgehoben und das bereits von Jesus und Paulus.

In der griechisch-römischen Antike war die Jungfräulichkeit seit Jahrhunderten vor Christus praktiziert und hoch geschätzt. Nicht weil die Ehe an der Grenze zu reiner Sündhaftigkeit stünde, oder sonst den Geist verunreinigen würde. Sie war geschätzt, weil sie eine besondere Mächtigkeit dem Kultgeschehen verliehen hat (Vestalinen), zur mystischen Gottvermählung führte und prophetische Gaben ermöglichte. Ähnlichem Glauben begegnen wir auch heute noch im hinduistischen Raum. Im Judentum waren dagegen Ehelosigkeit und Unfruchtbarkeit als Strafe Gottes empfunden.

Für ***Paulus*** war das ehelose Leben besser – ethisch und religiös – als die Ehe (1 Kor. 7). Das Mittel des ehelosen Lebens sicherte das Erreichen vom Heil sicherer, als die Ehe. Später wurden die Jungfräulichkeit und das Mönchtum dem Martyrium gleichgestellt.

Für das Christentum stand fest, dass der geschlechtliche Akt das geistige Leben zum Erliegen bringt. Die Überzeugung von verunreinigender Wirkung der Geschlechtlichkeit hält sich hartnäckig im Katholizismus bis heute.

Die Keuschheit wird als Primat des Geistes über die Sinnlichkeit gelobt. Sie würde die transzendentale Liebe verstärken und den Zustrom göttlicher Urkraft sichern.

5. Wir erinnern nochmals an den Ausgangspunkt unserer Betrachtung. Die Theologen sprechen von der Konkupiszens als von einem *„bösen Begehren"*. Das Böse an diesem Begehren ist die Unterbrechung der Lebensausrichtung auf Gott durch die Gegenrichtung auf Lustgewinn. Die Wahl der Gegenrichtung ist eine Rebellion gegen die Sinnverwirklichung des Lebens. Im Auftreten dieser Rebellion sehen die Theologen die Herrschaft der Ursünde, die über Adam, die menschliche Natur in Sklaverei hält. Sie wird Selbstentzweiung genannt und würde alle Daseinsbereiche und alle Dimensionen der menschlichen Existenz beherrschen. Im weiteren Leben eines Menschen erweitert sich diese Rebellion auf alles Gute, führt zur Versinnlichung seines Geistes und zum Aufstand der sinnlichen Natur gegen alles Sollen. Erst in der Endzeit wird die Herstellung der Integrität der menschlichen Natur erfolgen. Der ist, der Lehre nach, „*aus Sünde entstanden und der Sünde geneigt.*" („ex peccato est et ad peccatum inclimat" D. 792)

Das sexuelle Begehren ist immer ein sinnliches Begehren wider den Geist. Auch ***Thomas von Aquin*** sieht in der Konkupiszens den Aufstand der niederen gegen die höheren Seelenkräfte. Die „*Wurzel aller Sünden*" liegt in der durch Adam übertragenen Erbschuld.

Diese Sicht der menschlichen Natur verträgt sich tatsächlich mit der Gottebenbildlichkeit nicht. Darum behaupten die Theologen, sie wurde nach dem Fall von Adam dem Menschen entzogen. Weil diese Behauptung nicht konform ist zu den biblischen Texten, wurde sie auf die äußere Gestalt Gottes begrenzt. Obwohl Gott gestaltlos ist. Auch an diesem Beispiel zeigt sich die Schwierigkeit den alten, den Menschen entwertenden Traditionen, die Treue zu halten.

Dem Menschen und zum jungfräulichen Leben fehlt, unter der Blicknahme auf die stark geschädigte menschliche Natur durch die Erbschuld – die Kraft des Willens. Die innere Rebellion der niederen Kräfte würde den Restwillen bald brechen. Es gibt jedoch genügend Beispiele für eisernen Willen unter dem Christenvolk. Wäre damit auch die Lehre von der Erbschuld eine spekulative Makulatur? Wenn dem so wäre, gingen dem Abendland zwei Jahrtausende für die Selbsterziehung zum Gottmenschen verloren.

6. Durch willkürliche Interpretation der Sünde Adams hat das Christentum, besonders durch die Einflussnahme von Augustinus auf die Kirchenlehre, eine Menschenlehre entstehen lassen, die mit der Wahrheit von der menschlichen Natur kollidiert. Statt das spirituelle und moralische Können der Menschen hervorzuheben, die Gesamtkräfte auf das Ziel der Vergeistigung des Leibes zu lenken, Mut zu machen, das Selbstvertrauen zu fördern, den Glauben an die unterstützende Gnade Gottes zu erwekken, haben die christlichen Kirchen den Menschen in eine Mentalität des Mitschuldigen an der Sünde Adams, gegen alle Rationalität hineingestürzt, ihn zu einem in die Hölle marschierendem Exemplar der augustinischen „*massa damnata*" reduziert. Weil die Gläubigen an den Lehren der Kirche nicht zweifeln dürfen, wurden die Lehren bald internalisiert, zum Selbstbild umfunktioniert.

Diese Gedanken haben mich bewogen auf die Menschenlehre anderer Religion einen Blick zu werfen und mir ein Bild vom Umgang mit den natürlichen Schwächen der menschlichen Natur zu machen. Meine Wahl fiel auf die Bagavadgita, das heilige Buch der Hindus. Zum Schluss von diesem Kapitel möchte ich noch auf eine evidente, anthropologische Wahrheit hinweisen. Es steht heute außer Zweifel, dass die Menschheit mehrere Stammväter hat und das darunter kein Adam war. Adam hat uns nichts übertragen, nicht einmal den *Homunculus*.

Kapitel X Die Lehre der Bagavadgita.

a) Die Lehre von Brahman

1. *„Ich bin, der ich bin!"*

„Der Einsicht hat, in dem sehe ich mein Selbst; denn er alleine liebt mich, weil ich bin, der ich bin: das letzte und einzige Ziel eines ergebenen Herzens." (S. 108)

Im Unterschied zu allen Wesen, die ihre Existenz anderen verdanken, ist Krishna selbst die Quelle seines Seins. Zu seinem Wesen gehört das Sein, er ist das Sein und damit die einzige Quelle der Existenz der Welten und allen Wesen. So hat sich auch Jahwe auf dem Sinai dem Moses vorgestellt: „Ich bin, der ich bin!", das Sein schlechthin, ohne Anfang und ohne Ende, zeitlos, keiner Veränderung unterworfen, in jeder Hinsicht vollkommen. Weil nichts Höheres als Gott existiert und existieren kann, ist er das einzige Ziel des Menschen. Nur er allein ist die Erfüllung jeder Sehnsucht und Liebe. In jedem, der Gott liebt, sieht Gott sein eigenes Selbst, den göttlichen Atman.

2. Gott ist wandellos.

„Brahman ist das, was wandellos und keiner anderen Ursache untertan ist, als sich selbst." (S.111)

Wäre Gott wandelbar, würde sich auch seine Identität ändern und er würde dem Nacheinander der Zeitphasen unterworfen und dem Vergehen ausgesetzt. Mit diesen Eigenschaften wäre er kein Gott, sondern ein Geschöpf. Für einen westlich geschulten Verstand, stünde die Wandellosigkeit von Brahman im Widerspruch zu der Wandelbarkeit der Natur, wenn man auch die Natur als Brahman versteht und das tut der Hinduismus. Die *„Gita*" lehrt jedoch: „Alles, was lebt, wird kaum geboren, irregeführt durch die Täuschung, diese Welt des Scheins, sei die wahre.“ (S. 110) Was die Sinne von der Welt aufnehmen, ist die Täuschung, ihr Schein. Die Wandelbarkeit entstammt der Sinnentäuschung. „Aus ihren (der Menschen) Begierden und Hassgefühlen steigt diese Täuschung auf.“ (S. 110)

3. Alles ist Brahman.
„*Alles bist Du, was da ist, denn überall finden wir dich.*“ (S. 144) Nicht alleine in geweihten Kirchen und in Heiligen wohnt Gott. Er ist überall in jedem Tier, in jedem Stein, in jedem Stern. Zu Hause fühlt er sich jedoch im liebenden Herzen. Gott wohnt nicht nur im Herzen, er ist das Herz, der Stein, der Stern. Hinter der wahrnehmbaren Manifestation des Universums steht das unsichtbare Göttliche. Die wahre göttliche Urwirklichkeit wird durch den äußeren Schein verhüllt. In den Welten gibt es nichts, was nicht Gott wäre. Er ist alles und jedes, aber darüber hinaus ist er das eigene Selbst und das Nichts. Diese Seinswahrnehmung wird als spiritueller Monismus bezeichnet und entspricht der gegensätzlichen Überzeugung der materialistischen Wissenschaft, wonach alles Existierende aus Materie bestünde.

Der göttliche Urgrund (Brahman), der die Existenz und die Manifestation aller Dinge und Wesen ermöglicht, entzieht sich den äußeren Erkenntnisquellen. Dem erkenntniswilligen Menschen bleiben nur zwei Möglichkeiten: die anstrengende Beweisführung durch den Verstand, oder den Gebrauch der Intuition. Den ersten Weg gehen die Philosophen. Zu einer Entbergung des Urgrundes führt dieser Weg jedoch nicht. Den zweiten Pfad gehen die Mystiker. In der Schau wird das Bewusstsein und die Verstandesleistung ausgestillt und der innere Mensch erkennt in unmittelbarer Begegnung den göttlichen Urgrund in eigener, persönlicher Tiefe – den Atman.

4. Bedingungen der Einung mit Brahman.

„*Wer Einsamkeit sucht, nur wenig verzehrt, ständig beschäftigt mit Sich-Versenken in Brahman, die Wahrheit, Geist, Denken und Rede zu bändigen vermag, erfüllt von Erbarmen; Wer von sich schleudert Eitelkeit, Ungestüm, Stolz, Zorn, Begierde und all seine Habe, wer ruhigen Herzens sich völlig befreit hat von seinem Ich, der ist gerüstet zur Einung mit Brahman*" (S.194-5). Ein weltlich ausgerichteter Mensch, der seine Zunge, sein Denken und seine Emotionen nicht bändigt, voll Stolz auf sein Haben und Können ist, ist ein Ich-Sklave. Für Gott ist in seinem Herzen kein Platz mehr. Wer sich dagegen von diesen Übeln befreit hat, um sich mit Brahman zu einen, wird sein Ziel sicherlich erreichen. Er hat den Weg der Intuition freigemacht und sich der Liebe zu Gott geöffnet.

„Gib mir dein ganzes Herz, liebe mich, bete mich an, erweise mir dauernde Ehre, neige dich einzig vor mir. Dann wirst du mich finden. Dieses verspreche ich dir, Ich, der dich innigst liebt" (S.196-7). Haben wir unsere Persönlichkeit aufgeräumt und unsere Aufmerksamkeit auf das Innere in uns gerichtet, erwacht in uns die Liebe. Liebe zieht den Geliebten an, verbindet und einigt auf Dauer. Sie ist treu und allen negativen Gefühlen und zweifelnden Gedanken versperrt sie den Weg zum Herzen. Wer Gott liebt, kann ihn nicht mehr verfehlen. Auch wichtig: Lieben kann jeder!

5. Wer sucht, der findet.
„Niemand, der Brahman sucht, wird je übel enden“ (S. 102). Jedem, der Gott gesucht hat, aber durch Ablenkung den Pfad verlor, verspricht Krishna das Erreichen von Brahman. Er wird in einer geistig ausgerichteten Familie auf die Welt kommen und die geistige Einsicht wieder aufnehmen, die er sich schon früher erarbeitet hat. Mit viel stärkerer Kraft wird er zu Vollkommenheit getrieben werden.

b) Die Lehre von Atman.

1. *Atman ist das Licht von Brahman.*

„Der Atman ist Licht,
Dieses Licht ist umdunkelt.
Dieses Dunkel ist Täuschung.
Drum wandeln wir träumend.
Wenn Atmans Licht
Die Dunkelheit fortscheucht,
Geht das Licht von uns aus,
Ein Sonnenleuchten,
Entschleiertes Brahman.“ (S. 87)

Die Erleuchteten schildern seit Jahrhunderten das sonnenklare Licht, das durch Felsen und Mauern hindurchgeht, das ganze Universum erstrahlen lässt und jede Dunkelheit des Geistes für immer verscheucht, als von der eigenen Brustmitte herausströmende, unendliche Energie. Analog zu diesem Licht weitet sich das Bewusstsein auf alles Existierende in allen Welten. Ein universales Wissen und unbeschränktes Können begleiten die Klarheit. Jeder Betroffene weiß mit Sicherheit: Dieses Licht kommt nicht von einer außenstehenden Gottheit. Es ist der Atman, das eigene Selbst, das sich als

Brahman entschleiert. Nach den alten Lehren, unabhängig vom Hinduismus, ist das Selbst des Menschen ein Stück Substanz aus dem Göttlichen Sein, identisch mit seiner Quelle.

2. Wer Atman kennt ist ein Brahman.
„*So werden sie Brahman erkennen, die wahre Natur des Atman*" (S. 110) .

Die Natur des Atman (das Selbst) ist das Brahman. Wer den Atman in der eigenen Brust gefunden und er-kannt hat, ist in Gott eingegangen. Das Tiefste im Men-schen und in der Welt der Dinge ist das Gleiche: Der Urgrund des Menschen ist mit dem Urgrund aller Men-schen identisch. Es ist das Brahman.

3. Die höchste Erkenntnis geschieht in der Schau.
„*Dies (die offene Schau) ist von allem die höchste Erkenntnis, die Läuterin und Königin aller Geheimnisse, die nur dem Auge des Mysten sich auftut, groß ist ihr Wert und leicht sie zu üben*" (S. 119). Die Erleuchtung (offene Schau) wird niemandem geschenkt, kein Engel kann sie vermitteln. Alleine durch systematisches Bemühen um die Versenkung wird sie vorbereitet und sobald das Diesseitsbedürfnis im Bewusstsein stillgelegt wird, enthüllt sich der Atman als Brahman. Dass die Erleuchtung überhaupt möglich ist, beweist die Anwesenheit Gottes im Herzen des Menschen.

4. Um Atman zu erkennen.
„*Ruhig, beharrlich, Meister der Ego, tritt du zurück von den Zielen der Sinne, frei von dir selbst;... An nichts sei versklavt noch wünsch den Besitz von Sohn und von*

Weib, von Heim oder Haushalt... Pausenlos strebe nach der Erkenntnis des Atman" (S. 155-6). Die Erkenntnis des eigenen Selbst (Atman) ist der Wendepunkt im Leben des Menschen. Weil Atman Brahman (Gott) ist, geht der Erkennende in Gott ein. Damit ist das Ziel aller Inkarnationen erreicht und das Wiederkommen auf die Erde endgültig beendet. Zum Preis der Einung mit Gott gehört das Aufgeben der Teilnahme an der äußeren Zivilisation, der Verzicht auf das Ich, das Zurücktreten von den Sinnenzielen, von jeglichem Besitz. Erst die vollständige Entäußerung jeden Habens und jeder Teilnahme macht frei für das Ergründen der Identität mit Gott.

5. Atman wird erkannt, wenn...
„*Wenn durch Übung im Yoga das Denken sein rastloses Wandeln aufgibt, dann erst erkennt er den Atman. All sein Trachten ist dann vollauf befriedigt*" (S. 98). Das endlose Jagen der Gedanken zur Ruhe zu bringen ist die Aufgabe für den Yoga – für die methodische Sammlung aller Kräfte unter der Führung des Willens. Der Geist strebt dann frei nach der ihm angeborenen Tendenz zur Vereinigung mit Gott: „Gereinigt von Leidenschaft, vom Bösen befreit, verharrt der Geist im sich Versenken" (S. 99). Das „Rasen der Gedanken"! ist ein Symptom der Unruhe und des Unfriedens, weil er sein Lebensziel noch nicht gefunden hat. Er hat es aber an falschen Stellen gesucht, nämlich im Außen und nicht im Innen!

c) Die Lehre von Yoga.

1. Der Bruch mit dem Leid.

„Yoga ist der Bruch mit der Beziehung zum Leid... Entsage all deinen Wünschen auf immer, sie sind die Kinder des Eigenwillens. Nutze dein Unterscheidungsvermögen, damit du die ganze Meute der schweifenden Sinne in Schranken zu halten vermagst“ (S. 99). Wer Yoga übt, trennt sich vom Leid. Er bricht mit dem Leidensweg, weil er mit allem bricht, was Leiden verursacht. Die Bhagavadgita sieht den Hauptverursacher der Leiden im Eigenwillen, der blind den Wünschen folgt, statt der Urtendenz seiner Natur nachzugehen, den Atman zu entschleiern.

2. Der Weg nach Innen.

„Auf dieser Erde schon vor seinem Weggang, meisterte der Mensch all seine Triebe, die lusterzeugten, die angstgeborenen: so findet er Brahman, so wird er selig“ (S. 89). Wer all seine Triebe unterworfen hat, kann ohne Störung sein Denken und Wollen auf Gott im Herzen lenken und die ewige Seligkeit erreichen. Sie ruht im Inneren, im Atman, der mit Brahman identisch ist. Auch die folgenden Aussagen gehen in die Richtung: „Einzig der Yogi, der innen sein Glück hat, innen den Frieden und innen sein Schauen, der kommt zu Brahman“ (S. 89); „Sein Geist ist versperrt für Berührung von außen“ (S. 88). Die Lehren der Bhagavadgita werden als ewige, d. h. unveränderbare Wahrheiten, verstanden. Die hinduistischen Schriften werden nicht, wie die christlichen, an den gerade herrschenden „Zeitgeist“ angepasst, d. h. relativiert. Der „Zeitgeist“ der westlichen Zivilisation steht auf Kollisionskurs zu den Gita-Wahrheiten:

Lebenssinn und das Glück sind außen! Wer den Trieben folgt und alle ihre Bedürfnisse erfüllt, wird glücklich und von allen Spannungen frei. Massen, die dieser Denkungsart verfallen sind, haben sich von den Zielen des geistigen Lebens entfernt. Nichts kann sie von ihrem irdischen Kurs mehr abbringen. Die Bhagavadgita zählt sie zu den Menschen mit „dämonischen Neigungen".

Ein Gottsucher, der sich dem Yoga der Meditation verschrieben hat, entwickelt eine andere Lebensart.

„Sein Herz ruht in Brahman, sein Auge sieht in allem alleinig Brahman stets gegenwärtig, er weiß seinen Atman in allen Geschöpfen und alle Schöpfung in diesem Atman" (S. 100). In diesen wenigen Worten schildert die Gita das hinduistische Lebens- und Vollkommenheitsideal: Wer in allem das Brahman als gegenwärtig sieht und in seinem Atman alle Geschöpfe und das Universum, hat die Erde als Verbannungs- und Leidensort für immer verlassen und lebt jenseits der Vergänglichkeit. Den irdischen Preis dafür hat er gerne bezahlt: „Frei muss er sich machen vom Irrtum des „Ich" und des „Mein" und mit gleicher Gelassenheit hinnehmen Freude und Leid. Er muss versöhnlich, zufriedenen Herzens und selbstbeherrscht sein" (S. 151). Zu den entscheidend wichtigen Bedingungen des Sicherkennens als identisch mit Brahman, zählt das Aufdecken des Ich als Irrtum des Denkens und Empfindens. Das „Ich" und „Mein" verhindert die Auflösung der Persönlichkeit in der ichlosen Substanz des Brahmans und ist damit für die Tragödie der unfreien, in der Verzwecktheit lebenden Menschheit verantwortlich. Der „Ort" wo das Ich steht, soll mit Yoga (Übungen) aufgelöst und seine Energie zum Selbst abgeleitet werden.

3. Yoga der Tat.

„*Da niemand den Yoga der Tat ausüben kann, der um seine Zukunft besorgt ist oder um die Ergebnisse all seiner Taten*" (S. 94). Sorgen um die Zukunft sind ein Zeichen der Unfreiheit für Abhängigkeit von den Sinnen und Trieben, die das Denken und den Willen beherrschen.

„Wenn der Mensch das Haften am Tun und am Sinnenziel aufgibt, wenn er lüsternen Ängsten und angstvollen Lüsten entsagt, dann hat er die höchsten Höhen erklommen, die Einheit mit Brahman" (S. 94). Das Haften am Tun ist die Folge des Wünschens und ein Beweis der Abhängigkeit von der Außenwelt. Das Tätigsein nach innen, zum Atman hin, ist der Weg der Freiheit und der Befreiung vom Zwang zum Wiederkommen auf die Welt.

„Ist dem Herzen des Menschen Erfüllung zuteil geworden durch tiefe Erkenntnis und eigene Erfahrung von Brahmans Wahrheit, dann lässt er sich nicht mehr erregen durch die Dinge der Sinne. Gold, Erde und Stein, sie alle dünken ihm gleich, der die Sinne gemeistert hat" (S. 96). Wer mit Gott eins geworden ist, hat alles in allen Welten erreicht, sein Streben ist erloschen.

„Mäßig sei der Mensch beim Essen und bei der Erholung, mäßig im Tun, mäßig im Schlaf und im Wachen. Er wird erkennen, dass dieser Yoga all seinen Unfrieden löscht" (S. 97). Der Unfriede wird durch Mäßigung bei jeder übertriebenen Tätigkeit vermieden. Man wird an Aristoteles erinnert, der das Wesen der Tugend in der Mäßigung sah, im nicht zu Viel und nicht zu Wenig. Die Wünsche dürfen nicht unsere Sterne sein, die irrtümlich das Leben zum Ziel führen würden. Wer nach den

Wünschen sein Leben gestaltet, endet in der Grube. Nicht Wünsche, sondern der erleuchtete Verstand meistert das Leben.

4. Yoga der Entsagung.

Entsagung ist die *„völlige Aufgabe jeder Tätigkeit, die von Wünschen angeregt wird*“ (S. 183) und führt zu vollkommener Wunschlosigkeit. Die Ungebundenheit wird dagegen als „Verzicht auf die Früchte unseres Tuns“ (S. 183) verstanden. Die Einung mit Brahman wird zwar auf dem Wege des Erkenntnisyoga erreicht. Damit der Mensch jedoch zu Erkenntnis fähig wird, muss er sein Handeln von egoistischen Motiven reinigen. Die Reinheit des Handelns wird durch Entsagung und Ungebundenheit erreicht.

Weil das Brahman mit dem wir die Einheit erlangen wollen, „jenseits allen Handelns ruht“, muss unser Handeln selbst von allen Wunschmotiven befreit werden. Durch die Entkoppelung des Handelns von Wünschen und zusätzlich noch, durch den Verzicht – nach vollbrachter Handlung – auf ihre Früchte, kann unser Ich seinen Anspruch auf die Früchte und die Handlung selbst nicht mehr anmelden. Unsere Kognitionen wären damit frei, um sich mit Brahman zu beschäftigen. Den ersten Grad der Freiheit – die „Freiheit von“ - hätte der Entsagende erreicht: „gezügelt die Sinne, gezügelt das Denken, gezügelt den Willen, wirft jener, der Freiheit sucht, Ängste beiseite, denn wahrlich nur jener ist ewiglich frei“ (S. 91). Nachdem der Mensch alle Freiheitshin-dernisse beseitigt hat, ist er für die Freiheit zweiten Grades reif geworden: Die Freiheit für den Brahman, mit Hilfe der Versenkung ist jetzt möglich. Ist der dadurch Gott identisch geworden, hat er die ewige Freiheit erworben. Was ihn vom Gottsein getrennt hat – die sich täglich regenerierende Wunschgewohnheit – ist für alle Zeiten aufgelöst worden.

d) Die Lehre von dämonischen Menschen.

1. Die dämonische Neigung.

„*In dieser Welt gibt es zwei Arten von Wesen, jene, deren Natur zum Göttlichen strebt, und jene anderen, welche dämonische Neigungen haben ... Menschen mit dämonischen Wesen wissen weder, welche Handlungen sie auszuführen haben, noch von welchen sie sich zurückhalten sollen. Auch kennen sie nicht Wahrheit, noch Reinheit, noch rechtes Verhalten. Sie behaupten, die Schriften enthielten nur Lüge, das Weltall fuße nicht auf sittlichen Gesetzen, sondern sei gottlos... Weil sie im Dunkel ihrer winzigen Herzen dies glauben, begehen diese entweihten Geschöpfe die schrecklichsten Taten und streben danach, die Welt zu zerstören. Sie sind die Feinde der Menschheit. Ihre Begierde wird niemals gestillt. Anmaßend sind sie und eitel und trunken vor Stolz. Blindlings wenden sie sich dem Bösen zu. Die Ziele, für die sie wirken, sind unrein. Fest ist ihr Glaube, das Leben habe nur einen Zweck: die Befriedigung ihrer Sinne... Angst bindet sie mit hundert Ketten und liefert sie aus an Gier und Zorn*“ (S. 174 – 175). Zwei Arten von Wesen – die Guten und Schlechten – gibt es nicht nur unter den Menschen. Seit Beginn der Kontakte mit Engeln ist bekannt, dass die Hälfte fast aller geistigen Sphären im Universum von Engeln bewohnt wird, die für unsere Begriffe nur Böses im Sinn haben. Die Namen und Siegel der Vorsteher und ihr spezielles, böses Können, sind in der alten Fachliteratur angegeben. Es ist auch bekannt, dass Menschen mit dämonischen Neigungen, sich dieser Engel bedienen (wie auch umgekehrt) um ihr Dasein auszubessern. Weil sie jedoch zu den Engelsphären gehören, und nicht vertrieben wurden, können sie nicht als Dämonen bezeichnet werden. Über ihre Funktion im Gesamtuniversum und von den Zielen ihrer Evolution, weiß man wenig. Den Kontakt mit ihnen meidet jeder Mentalwanderer. Es gilt jedoch als sicher, dass zwischen den dämonischen Menschen und den negativen Engeln eine Verbindung besteht.

Die Bhagavadgita schildert den Werdegang negativer Menschen als Warnung an alle, die ihre Begierde nicht beherrschen wollen, die ihr Leben als Befriedigung ihrer Sinne verstehen, die alle positiven Verhaltensnormen missachten. Sie beschreiten den Weg zu schrecklichen Leiden nach ihrer Entkörperung. Dämonische Neigungen sind nicht angeboren. Sie entstehen als Folge des unbeherrschten Begehrens und mangelnder Bereitschaft, ihre irdische Natur durch Entsagung, Ungebundenheit und Wunschverzicht auf die Erkenntnis der eigenen Gottgleichheit im Inneren zu richten. Wenn sich diese Lebensweise von Inkarnation zu Inkarnation wiederholt, werden die dämonischen Charakterzüge immer ausgeprägter.

Bhagavadgita ist ein Appell an alle, die auf diesem Wege schreiten, Zuflucht zum Herrn zu nehmen: „Der Herr im Herzen aller Geschöpfe ... Nimm deine Zuflucht zu ihm. Durch seine Gnade wirst du Frieden finden und das Sein, das jenseits allen Wandels ist“ (S. 196). Unter der Bedrohung, zu den negativen Wesen im Universum zu mutieren, erinnert die Gita: „Als Erkenntnis, die einzige, wert zu erforschen und zu besitzen, wohnt er innen im Herzen“ (S. 157).

2. Drei Tore zur Hölle.
„*Die Hölle hat drei Tore: Begierde, Zorn und Habsucht. Sie führen zu des Menschen Untergang ... Der, dem's gelingt, vorbeizugehen an den drei dunklen Toren, der hat das eigene Heil erlangt*“ (S. 176). Der Hinduismus unterscheidet verschiedene Grade der Höllen, die an den Schweregrad der Sünden angepasst sind. Allen Höllen ist die Eigenschaft gemein, dass sie nicht ewig, sondern begrenzt dauern. Nach Abbüßen der Strafe wird weiter, bis zu der gewünschten Vollkommenheit, inkarniert. Begierden, Zorn und Habsucht versperren durch ihre starke Emotionalität den Zugang zum Atman. Sie lenken die Erkenntniskräfte nicht an das Innere, sondern an die Welt. Wer nicht mehr an die Welt gebunden ist, kann sich leicht der Versenkung widmen, den Atman erkennen und seine Identität mit Brahman erleben.

3. Sinnlosigkeit des gottlosen Lebens.
„*Toren gehen blind an meinem Wohnort hier in der menschlichen Form vorüber ... Eitel ist ihr Hoffen, eitel ihr Mühen und ihr Wissen, all ihr Verstand nichts als Verwirrung, ihr Wesen ist ganz dem Wahnsinn der Ungeheuer und Teufel verfallen*“ (S. 121).

In Wahrheit ist jeder einzelne Mensch ein Tempel Gottes. Im Herzen des Menschen, auch des Sünders, ist das Allerheiligste – Gott der Herr – persönlich. Er ist im Herzen anwesend, damit er leichter erkannt und geliebt werden kann. Gott will jeden vor der Bedrohung des Bösen erretten. Der Mensch jedoch richtet seinen Verstand und sein Gemüt auf vergängliche Lustquellen und durch immer weitere Entfernung von seinem Lebensziel, verschwendet er seine Existenz. Damit vereitelt er auch den Sinn seines Lebens. Statt die Ewigkeit und Unsterblichkeit zu ergreifen, geht er die Straße der Sterblichen. Einen dauerhaften Gewinn kann keiner für sich verbuchen. Auch dann nicht, wenn er seine Pflichten für die Welt ordentlich erfüllt oder die Entwicklung der Zivilisation gefördert hat. Es sind nicht die Werte, die Gott von uns verlangt. Wir sind da, um das Ich aufzugeben und mit Gott eins zu werden. Verlassen sollen wir die Welt als sich selbst bewusster Gott.

4. Der ewige Kreislauf der Zeit.
„*Wenn der Kreislauf der Zeit sich erfüllt hat, ruf ich sie (die Geschöpfe) zurück in den Samen des Werdens und sende sie wiederum aus, wenn die Stunde der Schöpfung schlägt*" (S. 120 – 1). Das absolute Ende der Zeit im jüdisch-christlichen Sinne kennt Bhagavadgita nicht. Die Geschöpfe werden in den „Samen des Werdens" zurückgerufen und wenn die Stunde der erneuten Schöpfung schlägt, werden sie wiederholt ausgesät. Eine endgültige Abrechnung oder gar Vernichtung des Bösen findet nicht statt. Alles Existierende bekommt erneut die Chance zum Brahman zurückzukehren.

e) Die Lehre vom göttlichen Schutz.
1. Gott schützt vor dem Verlust der Habe.
„*Wer mich anbetet, wer mit gesammeltem Sinn in mich sich versenkt, wer jeden Augenblick treulich mir weiht, des Nöten werde ich Abhilfe bringen und vor Verlust seine Habe beschützen*" (S. 125). Weil Gott seinen Tempel im Herzen des Menschen hat, in ihm als sein Selbst wohnt, nimmt er Anteil an jedem Gedanken, an jeder Rührung und jedem Bedürfnis des Menschen. Der

Mensch wohnt im Zentrum des Reiches Gottes, er ist sogar mit Gott identisch. Wer das sicherlich weiß, kann sich schwer vorstellen, dass eine Verbindung zwischen ihm und Gott nur noch über Boten und andere Vermittler zustande kommen kann. Wo wäre hier noch die Entfernung, die durch Boten überbrückt werden soll? Der Mensch braucht alleine die richtige Selbsterkenntnis, um die Einwohnung Gottes im Zentrum seines Wesens festzustellen. Die gewinnt er nicht durch Boten, sondern in der Versenkung. Die Theologie der Engel - hält sie uns nicht ab von unseren Pflichten Gott gegenüber? Schwächt sie nicht unseren Willen, wenn wir in allen unseren Angelegenheiten, die wir doch selbst erledigen sollen und können, die Engel bemühen? Bräuchten wir ein Heer von himmlischen Dienern, wenn wir alle irdischen Wünsche aufgelöst hätten, wie es auch Jesus von seinen Jüngern verlangt hat? Wer die Erleuchtung erlangt hat, verfügt über jede Macht auf Erden und im Himmel. Sollte nicht jeder nach Erleuchtung streben und dem Aufpeitschen seiner Wünsche ein Ende setzen?

2. Gott entlässt vom Karma.
„*Bringe alles mir dar. Wenn dein Herz vereint ist mit mir, bist du entlassen vom Karma*“ (S. 126). Um von den schlechten Folgen der Taten entlassen zu werden, braucht der Mensch alleine die Liebe zu Gott. Nicht das Flehen zu den Engeln und Heiligen, nicht das Sündenbekenntnis und nicht die herzzerreißenden Zweifel an der Verzeihung Gottes. Einfach nur die Liebe zu Gott im Herzen!

„Mag einer beschmutzt sein mit Sünden sein Leben lang: Bringt er entschlossen in äußerster Demut mir seine Liebe, dann seh keinen Sünder ich, denn dieser ist heilig“ (S. 127).

Die Liebe zu Gott alleine, ohne alle Vermittler und mitflehende Wesen, hat die Macht, einen Sünder in einen Heiligen zu verwandeln: „Nie gehet unter er, der mich liebt."

Liebe zu Gott setzt die Abwendung von der Welt und die innere Erfahrung voraus, dass die einzige Wonne Gott ist. Die starke Bindung zu Gott erzeugt ein überwältigendes Glücksgefühl, das einen möglichen Abfall von Ihm verhindert.

3. Gott befreit von irdischen Sorgen.
Menschen, die jegliches Wirken Gott darbringen, weil sie ihn lieben, „*sind die Meinen. Irdischer Sorgen enthebe ich sie, rette sie vor den Wellen des tödlichen Lebensmeeres. Geh in mir auf, lass dein Gemüt in mir ruhen: so wirst du ganz ohne Zweifel wohnen in mir hier und hernach*" (S. 150).

Wünsche und irdische Sorgen stören das vertrauensvolle Ruhen in Gott. Wer jedoch alle Sorgen und jede Unruhe Gott weiht, wird der irdischen Sorgen enthoben. Gita vergleicht das Leben mit einem tödlichen Meer. Wenn die Meereswogen sich zu gewaltiger Größe auftürmen, kann sich der Mensch kaum noch auf der Oberfläche halten. Wer auch in der bedrohlichen Lage seine Hände zu Gott hebt, wird aufgefangen und gerettet.

4. „Wer nur diesen Worten lauscht"...
„*Auch wer nur diesen Worten voller Glauben lauscht und nicht an ihnen zweifelt, der wird von allen Sünden frei sein und in den Himmel der Gerechten eingehen*" (S. 197). Der „Himmel der Gerechten" bildet die positive Entsprechung zu den Höllen. Nach Ablegen der Körper

werden hier die Seelen aufgenommen, die durch gute Werke, darunter auch durch Lauschen nach dem Sinn der Werte der Gita, sich eine Belohnung verdient haben. Nach Verbrauch ihrer Verdienste inkarnieren sie weiter auf der Erde mit der guten Aussicht, Gott im Herzen zu erkennen.

f) Die Lehre von der Todesstunde.

1. Die Entscheidung über das Schicksal.

„*Was immer es auch sei, wes der Mensch im letzten Augenblick eingedenk ist, das wird durch ihn im Künftigen verwirklicht*“ (S. 112). Dieses Wissen von der zentralen Bedeutung der Bewusstseinsinhalte im Moment des Sterbens, war auch im Christentum gepflegt. Der Sterbende sollte zu allererst wissen, dass er vor dem Verlassen des Körpers steht und die Erde verlässt. Als Seele darf er nicht in sein Haus zurück, oder der Leiche auf den Friedhof folgen. Die Sterbebegleitung war im Christentum eine festgelegte Zeremonie, die von einem Priester durchgeführt wurde. Ihr Ziel lag in der Vorbereitung der Seele auf die Begegnung mit Gott. Im Hinduismus liegt der Schwerpunkt auf der Sammlung aller Kräfte unter dem Willen und auf der Lenkung des Bewusstseins alleine auf Gott: „In der Todesstunde, wenn der Mensch den Leib verlässt, muss im Scheiden sein Bewusstsein völlig in mir aufgehen. Dann wird er mit mir vereinigt werden“ (S. 112). Das hier gedachte, völlige Aufgehen in Gott ist der entscheidende Moment im Sterben. Die Gläubigen haben es als ihre Lebenspflicht gesehen, sich täglich auf das Sterben zu konzentrieren, um diesen Moment in richtiger Weise zu vollziehen: „Deshalb sei meiner eingedenk in allen Zeiten und tue deine Pflicht. Sind auf die Dauer Sinn und Herz mir zugewandt, dann wirst zu mir du kommen“ (S. 112). So scheidet er: und jetzt, die Lebenskraft tief eingezogen, festgehalten zwischen seinen Brauen, geht er hervor zu seinem Herrn, zu Ihm, der Licht gibt und der Größte ist“ (S. 113).

Im Sterben entzieht der Yogi seinen Sinnen die Wahrnehmung und richtet seine Aufmerksamkeit auf das Herz. Mit der Kraft seiner Imagination hebt er die Lebenskraft über die Mitte der Wirbelsäule zum Hirn hinauf und sammelt sie zwischen den Brauen. Den Leib verlässt er durch die astrale Pforte am höchsten Punkt des Schädels. Diese Austrittspforte soll garantieren, dass die Seele direkt vor Gott erscheint und nicht herumschweift in der Umgebung.

2. Das Fehlen der Devas.
Einen Engel, der dem Menschen beim Sterben beistünde und ihn ins Jenseits zu seinem Bestimmungsort führen würde, kennt die Bhagavadgita nicht. Der Sterbende hatte sich ein Leben lang auf diese Zeit vorbereitet und alle nötigen Fähigkeiten entwickelt, um diesen Lebensabschluss in der richtigen Weise zu vollziehen. Ein Verlass auf die Engel wäre vollkommen unproduktiv. Er bräuchte dann keine von diesen Tugenden zu erarbeiten, die seine Geistigkeit veredelten und ihm die spirituelle Reife verliehen haben.

g) Die Lehre vom einzigen Geber.

1. Wer Devas anbetet...

„Wer Devas anbetet, wird zu den Devas gehen. Doch wer sich mir ergibt, der kommt zu mir... In Wahrheit bin ich es, der einzige Geber und das letzte und einzige Ziel“ (S. 109).

Weil den Menschen „ihre Einsicht durch weltliche Wünsche verdunkelt ist“ (S. 109), suchen sie nicht nach Gott, sondern beten geistige Wesen an, von denen sie sich Hilfe bei Realisierung der Wünsche erhoffen. Krishna erläutert, dass auch dann, wenn die Devas den Menschen helfen, er der einzige Geber bleibt.

2. Der Engelkult, der aus einem egoistischen Hintergrund kommt, zeigt das geistige Niveau eines Menschen an, der seine Frömmigkeit als Mittel der Erfüllung irdischer Wünsche einsetzt. Auch an diesem Beispiel wird die Notwendigkeit sichtbar, dass der Mensch die Konzentration aller seiner Kräfte auf den Wesenskern richten muss, um weltliche Wünsche auszustillen, Begierden ruhig zu stellen, das Gemüt im Gleichgewicht zu halten. Ohne die Bemeisterung seiner Natur, erreicht er nicht die Einung seines Selbstes (Atman) mit Brahman.

h) Vergleich mit Christentum.

Der Unterschied zwischen den Lehren der Bhagavadgita und den Dogmen des Christentums, liegt vor allem in der geleugneten Identität zwischen dem Kern des Menschen und der Substanz Gottes im Christentum. Der Christenmensch ist nicht ewig, hat einen Beginn und seine Natur ist das Ergebnis der Schöpfung. Sein Leben kann auf Erden nicht wiederholt werden. Durch das Fehlen der Lehre von Reinkarnation wird das Bewusstsein der Seele durch die begangenen Sünden und Verfehlungen im Jenseits schwer belastet. Ob sie durch den Tod von Christus am Kreuz tatsächlich gereinigt wurde, wird sie erst am Jüngsten Tag erfahren. Weil die christliche Seele kein Atman ist – eine Substanz Gottes – sondern seine Schöpfung, teilt sic das Schicksal alles Geschaffenen. Nach der Entlassung aus dem Körper kann sie sich nicht mehr bessern, weil sie nur ein Teil des Menschen ist, zu dem auch der Leib gehört, der nun fehlt. Sie ist nun ein inkompletter Mensch.

Die weitere Lehre des Christentums, die sich mit der Bhagavadgita nicht verträgt, ist das Dogma von der Erbsünde. Ihre Folgen schwächen – nach der Lehre – die geistige und moralische Fähigkeit des Menschen, setzen die Kraft seines Willens und Verstandes herab, äußern sich im zerstörten Gleichgewicht seiner Emotionen, binden ihn felsenfest an die irdischen Wünsche und Begierden, und liefern ihm dem Bösen aus. Wie die zweitausendjährige Geschichte des Christentums zeigt, haben die Sakramente der Kirche, inbrünstige Gebete, die Taufe selbst und das drohende Endgericht, nicht das Geringste an den bösen Folgen der Erbsünde geändert. Er hat zwar bis heute sündhaft und moralisch schwach, biologisch überlebt. Die Taten jedoch bedrohen ihn auch im Jenseits. Engelhilfen sind ihm versprochen worden und an ihre Macht glaubt er gerne, aber das reale Böse greift um ihn weiter herum.

Ein weiterer Unterschied zwischen Bhagavadgita und dem Christentum betrifft das Erlösungswerk. Nach der Lehre des Christentums wäre der Mensch – trotz seiner weiter bestehenden Sündhaftigkeit – bereits von Christus durch seinen Kreuzestod, mit Gott versöhnt und sogar von den Sünden erlöst. Nach Bhagavadgita dagegen muss sich jeder, aus der Kraft der eigenen Natur selbst erlösen. Er darf an die Schwäche seines Willens und seines Verstandes nicht glauben, denn eben mit diesen Werkzeugen soll er sich von irdischen Abhängigkeiten lösen und die Gottgleichheit seines Selbstes erkennen. Er ist kein Freund von Engelkult, denn alles das, was ein Gottesbote für ihn tun würde, kann niemals die Arbeit an sich selbst ersetzen. Um die Klarheit über die innere Gottgleichheit zu bekommen, soll – nach den Lehren der Bhagavadgita – die gesamte Liebe und Hingabe eines Menschen, auf Gott allein gerichtet sein.

Kapitel XI Auf dem Weg zur Ebenbildlichkeit Gottes.

A. Sind uns die Engel voraus?

„Wie oben, so unten. Der Mensch ist eine Miniaturausgabe des Makrokosmos. Alle Attribute, die das geoffenbarte Universum in sich vereinigt, sind auch im Wesen des Menschen vorhanden. Deshalb heißt es, dass der perfekte Mensch in der Rangordnung höher steht als die Engel. Im Moment jedoch sind die Engel vollentwickelte Wesen, was man vom Menschen nicht sagen kann. Deswegen steht er auf einer wesentlich tieferen Stufe als sie, etwa so wie ein dreijähriges Kind im Vergleich zu einem dreijährigen Hund wesentlich weniger entwickelt ist." (Dione Fortune, „Die mystische Kabbala", S. 92, H. Bauer Verlag Freiburg 1987)

Der göttliche Kern im Engel und Menschen (Neshama) dürfen aus der Gottheit in der Ewigkeit emaniert werden. Die Entwicklung bis zur Ausbildung eines mentalen und danach eines astralen Leibes, dürfte auch bei den Engeln nicht schneller fortgeschritten sein als bei Menschen. Das innere Wachstum des Menschen wurde erst bedeutend verzögert durch die Herausbildung eines materiellen Leibes, den wir von der Natur übernommen haben und seit Millionen von Jahren humanisieren. Die Engel ersparen sich diese Arbeit und dürfen sich als vollkommene Wesen in ihrer Art betrachten. Weil jedoch Gott vierpolig ist – er stellt die Integration der vier Elemente dar – werden auch die Engel niemals mehr die Gottebenbildlichkeit besitzen. Wir wollen durch unsere Entwicklung nicht das Niveau der Engel erreichen. Wir streben die Verwirklichung der Ebenbildlichkeit Gottes an.

a) Wir formen uns gemäß dem Ziel unserer Natur.

Edle Gedanken und Gefühle zu Wirklichkeit formen, war das moralische Anliegen alter Zeiten. Wir werden zu Sklaven der bestehenden Welt, wenn wir aufhören uns zu veredeln. Dass die Gedanken Gefühle formen, wäre mit der Zugehörigkeit der Gedanken zur hierarchisch höheren Wirklichkeit des Geistes begründet. Es gehört auch zum normalen Gang der Selbstveredelung. Dass jedoch auch umgekehrte Beeinflussung von vielen als normal empfunden wird, wäre ein Schritt zurück in die Vertierung. Wollen wir eine bessere Welt, sollten wir zuerst unser Innenleben veredeln. Die gegenseitige Abhängigkeit von Stimmungen, Gefühlen, Emotionen, die unsere Gedankenwelt beherrschen, ist nirgends so sichtbar und gleichzeitig deprimierend, wie in der Welt der Seele – in der Astralebene. Wer durch Schulung gelernt hat, sie wahrzunehmen, sieht wie die feinstoffliche Umgebung – z. B. bei einem depressiven Menschen - Licht und Farben verliert, eintönig grau und hoffnungslos wirkt. Der innere Zustand formt nach seiner Bestimmtheit die psychische Welt der Kranken. Noch deutlicher kommt die Abhängigkeit der Außenwelt von der Gestimmtheit der Seele bei Abgeschiedenen zum Vorschein. Die Menschen kommen hier nach ihrer emotionalen Verwandtschaft zusammen und wenn sie von depressiven Grundtönen bestimmt ist, wird auch die gesamte Landschaft dunkel, der Himmel von schwarz-grauen Wolken durchzogen, die Landschaft ist grau, wirkt ausgetrocknet und tot. Das traurige Äußere wirkt wiederum auf die Gestimmtheit depressiv zurück. Auf diese Weise versklaven sich die Seelen durch ihre eigenen, von den höheren Gedanken abgeschnittenen Gefühle, selbst. In meinen astralen Wanderungen habe ich auch diese traurigen Kolonien aufgesucht und mit den Einwohnern Kontakt aufgenommen. Sie waren jedoch alle in ihrer Geisteshaltung versteinert und zur willentlichen Beherrschung ihrer Grundemotion nicht bereit. Besonders die Älteren haben nicht einmal verstanden, was ich von ihnen eigentlich will. Von aufklärenden Engeln war auch hier keine Spur.

Zum Wendepunkt unserer Evolution sind wir noch nicht gelangt. Bedenken wir jedoch, dass wir am Anfang des Weges zur Vollkommenheit ein Stück der feurigen Substanz Gottes gewesen sind, ohne die Verhüllung durch Geist (Mentalmaterie), Seele (Astralmaterie) und Körper (grobstoffliche Materie), haben wir in den vergangenen Millionen von Jahren die entscheidenden Schritte zur Entwicklung des Menschen gemacht. Im Vergleich dazu, haben wir lediglich noch die letzten Schritte zu setzen. In dieser Endphase der Selbsthervorbringung, sind wir auf das Üben und Lernen angewiesen.

Bei diesem zeitgewaltigen Unternehmen sind wir konzeptuell und methodisch an die Entwicklungslinie angewiesen, die unsere Natur seit der Urzeit konsequent verfolgt. Sie zeigt uns innerlich die einzelnen Schritte im Prozess der Integration der Elemente zu einer universalen Einheit. Auch wenn das Element Feuer (der göttliche Funke, das Selbst), die Luft (Geist), das Wasser (Seele) längst umgewandelt sind, bleibt uns noch die Erde (der Körper) als Aufgabe, ihn in die Natur des Geistes umzuwandeln (durch Weissung). In der Verfeinerung und der Vergeistigung des Körpers, sowie in der Stabilisierung des Geistes und der Veredelung der animalischen Seele, haben wir enorme Fortschritte erreicht. Durch diese Arbeit hat unsere Natur eine organisierende und vereinheitlichende Energie entfaltet, die unserem Verstand und dem Willen zur Verfügung steht.

b) Ein Baum zur Nachahmung.

In den eingeweihten Kreisen der Kabbalisten war der Lebensbaum keineswegs nur ein abstraktes Modell zur Erklärung der Wirkungsweise kosmischer Kräfte. Im Vordergrund diente diese Glyphe der Befriedigung der Bedürfnisse nach einer rationalen Erklärung des kosmischen und menschlichen Existenzdramas. Im Hintergrund dient jedoch der kabbalistische Lebensbaum dem Werden des Menschen zu Gott.

Die graphische Darstellung des Lebensbaumes in der Form und Gestalt des Menschen, soll die Aufgabe der Übertragung seiner Inhalte auf den Menschen erleichtern.

Die Aufteilung der Sephiroh und der vier Welten in dieser Form dient als Vorlage für die Imagination der geistigen Welten im Menschen. Weil sich intensive Gedankenbilder realisieren, entsteht, dank der internalisierten Glyphe, ein realer Gottmensch, der alle Kräfte der Urgottheit in seinem Wesen vereinigt. Die Offenbarung dieser Wahrheit wäre auch Gegenstand des Buches von Erzengel Raziel, das zum Troste von Adam nach seiner Vertreibung aus dem Paradiese, ihm und seinen Nachfolgern gegeben wurde.

c) Die feinstoffliche Substanz, die als Astral- und Mentalstoff das ganze Universum durchdringt und sich von der menschlichen Imagination zur Entstehung von neuem Sein formen lässt, bildet die Grundlage aller Bemühungen um Neuwerdung der eigenen Existenz. Der Astralstoff entspricht der Formungskraft der Seele, mit ihrer abhängigen Vorstellungskraft der Gefühle und der mentale Stoff, dem Verstand und dem Willen des Geistes. Die kosmische Feinstofflichkeit, die durch unseren Einfluss formbar ist, bildet das Fundament für das Gelingen der Selbstveränderung, aber auch für die Neugestaltung der Welt. Mit Imagination und Verstand können wir über die Mittlerfähigkeit der feinstofflichen Welten, unserem Leben die gewünschte Qualität verleihen. Die astrale und mentale Substanz nimmt unsere Vorstellungsbilder, Dieen und Gedanken auf, speichert sie und wenn wir immer wieder die gleichen Vorstellungsbilder wiederholen, nehmen sie feste Formen an, bis sie in der physischen Welt von unseren Sinnen wahrgenommen werden.

Die Mentalsphäre formt durch die Gedankenbilder und Ideen die Astralsphäre und die wiederum die materielle Erscheinungswelt.

Diesen natürlichen Weg der Kausalität gehen auch die Engel, wenn sie auf unsere Gebete antworten.

B. Der Lebensbaum wird eingepflanzt.

a. Malkuth, das Reich.

Die Umwandlung zum Gottmenschen beginnt mit der Übertragung des Bildes von Malkuth in die eigenen Füsse. Begonnen wird mit der Vorstellung einer Farblichtkugel, auf der unsere Füße stehen. Sie leuchtet in schwarz, gestreift mit gelb. Alle Farblichter – auch bei der nächsten Sephiroh – sollen stark sein und eine unbegrenzte Leuchtkraft besitzen. Steht die Lichtkugel unter unseren Fußsohlen, atmen wir über die Hautporen der Füße ihre Lichfarbenenergien in uns hinein und während der Ausatmung wieder über die Fußsohlen hinaus. Sobald eine angenehmes Wärmegefühl in den Füßen entsteht und wir den Puls deutlich spüren, können wir mit der nächsten Teilübung beginnen.

Es wäre die Anrufung des Gottesnamen von Malkuth. Er heißt Adonai ha-Aretz: Gott der König und Gott der Welt. Der Name drückt den selbständigen Gottesaspekt aus, unter dem das sichtbare Universum regiert wird. In einer kurzen Andacht wenden wir uns direkt an Ihn in seinem Tempel in den Füßen und sprechen das Herrengebet. Im dritten Schritt visualisieren wir den Engel Sandalphon umgeben von seinen Engeln. Sandalphon erscheint in einer bernsteinbraunen Tunika und braunen Sandalen. Mit regelmäßigen, langgezogenen Gesichtszügen eines jungen Mannes, erscheint er als ein Riese, der mit dem Kopf den Himmel berührt. Seine Botschaften sind kurz und werden nicht mit den Ohren, sondern mit dem Herzen wahrgenommen.

b. Die Sephirah Jesod hat ihren Tempel in uns im Bereich der Fortpflanzungsorgane. Ihr Licht leuchtet im Zitronengelb, gefleckt mit Azurblau. Im Makrokosmos hat sie ihre Entsprechung, die das gesamte Universum in ihrer feinstofflichen Struktur der Astralmaterie umfasst.

Ihr Gottesname lautet El Chai Shaddai – der Allmächtige, lebendige Gott. Ihr Erzengel und unser persönlicher Freund heißt Gabriel. Er blickt zu uns auf, angezogen in einer im Licht schimmernden, blauen Tunika. Er steht barfuß auf einem festen Boden und hält in beiden Händen einen Kristallkelch. Im Hintergrund schimmert das Meer in violetter Farbschwingung bei einer silbernen Vollmondnacht. Unterhalb von ihm erblickt man die Schar von Cherubim, die silbern-blau leuchten. Jesod wird das Fundament des Universums genannt und symbolisiert die Stärke. Wie das Gesamtbild von Jesod es auch andeutet, ist es die Stärke des subtilen Wasserelements und seiner Magnetkraft.

Die Engelordnung von Gabriel gehört eigentlich der Mondsphäre. Sie üben einen starken Einfluss auf alles, was dort geschieht aus.

In unserem Jesod, der ein ewiger, unsterblicher und allmächtiger Gott der astralen Welt ist, können wir unsere visuell übersetzten Lebenspläne vorbringen. Er ist nämlich das Zentrum der Verwirklichung von allen Gedankenbildern. Kabbalisten nennen die Jesod, „Schatzkammer der Vorstellungen“. Wichtig ist, dass wir unsere Schatzkammer für uns nützlich machen. Zuerst sorgen wir jedoch für die Entstehung der Gewohnheit, dass unser Körper ein zehnfacher Tempel ist und dass wir in der Pflicht stehen, die Mächte in ihnen als die eigenen zu betrachten.

Jesod wird auch als psychotherapeutischer Ort in uns visualisiert. Diese Sephirah bewahrt alle belastenden Erlebnisse aus unseren vergangenen Existenzen auf. Bilder, die nicht zum Bewusstsein aufsteigen, aber auf unsere Lebensführung Einfluss nehmen. Als Verfehlungen und unerlöste Handlungen, gehören sie zu unserem negativen Erbe. Diese Schattengebilde nehmen dauernd Einfluss auf die Stimmungen, auf Ängste und Zustände der Unruhe, erwecken Unzufriedenheit mit uns selbst, die im aktuellen Lebensumfeld keinen Grund haben. Im Tempel von Jesod trennen wir uns von unerlöster Vergangenheit. Sie versperrt den Weg zu den ureigensten Kräften, zu unserer göttlichen Macht. Sie lässt uns nicht zu uns kommen, wie wir wirklich sind: die Lichtwesen, voller Glanz und Glorie. Dieses, unser makelloses Selbst, stellen wir uns im Tempel Jesod vor, als vereinigt mit El Chai Shaddai, dem allmächtigen, lebendigen Gott. Denken wir intensiv daran, dass wir die vergangenen Identifikationen längst aufgegeben haben und mit ihnen die alten Taten und Pläne. Diese neu entdeckte Wahrheit von uns setzen wir auch im Alltagsbewusstsein durch, in dem wir echte Selbstlosigkeit, Opferbereitschaft und Dienst am Nächsten zu den moralischen Bestandteilen unserer Persönlichkeit zählen. Die in den alten Bildern gefangenen Energien werden sich auflösen und als Kraft in die neuen Ideale einfließen. Die Erschließung des Jesodzentrums in uns erleichtert alle Kontakte zu den Engeln der Erdgürtelsphäre und kann somit unser Wissen jenseits der natürlichen Verstandesgrenzen erweitern.

c. Die Sephirah Hod, das dritte Zentrum der eigenen göttlichen Kräfte in uns, wird in der rechten Hüftgegend als eine Farblichtkugel in gelbschwarz gefleckt mit weiß visualisiert. Hier hat Elohim Tsebaoth, Gott der himmlischen Heerscharen, seinen Tempel. Michael, der gottähnliche Erzengel, steht an seiner Seite. Mit goldblondem, gelockten Haar und goldfarbiger Tunika, sowie einem Speer mit der Spitze nach unten weisend, erhebt er das Gesicht zu uns und wartet auf unsere Signale. Dieses mentale Vorstellungsbild soll in die rechte Hüfte mit voller Lebendigkeit der Farben eingeführt werden. Mit jeder Wiederholung wird sich die Sephirah Hod immer enger verdichten und beleben. Ich erinnere daran, dass der Erfolg der Belebung der Sephirah von der Qualität der Bilder abhängig ist. Übertragen werden uns nicht die

Anfangskräfte. Die wollen durch unsere Konzentration erweckt werden. Das Leben, das wir in uns erwecken, bewirkt eine immer tiefere Initiation in das Geheimnis unseres Wesens. Durch die Vorstellungsarbeit an Hod erwecken wir in uns die vollkommene Intelligenz, die weit über menschliche Fähigkeiten hinausgeht.

Die Voraussetzung für das Gelingen dieses Vorhabens liegt in der vollbrachten Unterwerfung animalischer Kräfte der niederen Seele.

Die Hodsephirah ist erweckt, sobald sich in uns die Vision des hellen Lichtglanzes einstellt. In dieser Form offenbart sich in unserem Wesen das göttliche Sein. Der sich nun anbahnende geistige Zustand, bezeugt auch die erfolgte Reinigung des Denkens und die Belebung der Intelligenz. Wer das astrale und mentale Wandern anstrebt, kommt schneller in Kontakt mit den Intelligenzen der Marssphäre.

d. Die Sephirah Netzach im menschlichen Körper, liegt in der linken Hüfte. Auch Netzach wird als Lichtkugel im Olivgrün mit Gold gefleckt, vorgestellt. Ihre Lichtfarbe sollte leuchtend sein d. h. hell und strahlend. In ihrem Hüfttempel wird sie mit dem Namen Jahve Tsebaoth angerufen. Ihr Erzengel, Haniel, der in einer strahlend smaragdgrünen Tunika gekleidet ist und zu uns hinaufschaut, soll klar und lebendig visualisiert werden. Die Engel, Elohim, erscheinen in einer gelbgrünen Lichtaura. In der Sephirah Netzach sind wir zur Veredelung und Verfeinerung unserer Lebenskraft aus dem energetischen Teil der niederen Seele aufgefordert.

Jahve Tsebaoth ruft uns zur Verwandlung aller persönlichen Wünsche auf, zur Enthaltsamkeit von Wünschen und Begierden. Er verlangt von uns, dass wir das Kommando über unser Leben nicht mehr den Wünschen überlassen. Um diesen Zustand zu verwirklichen, erinnert uns Jahve Tsebaoth an das Erlernen der Kunst der inneren Überwindung.

Das Netzachzentrum erwecken wir zwar auch durch die Vorstellungskraft, jedoch genau so wichtig ist die Übernahme seiner Forderungen nach Reinigung der niederen Lebenskräfte und den Verzicht auf das Nachlaufen hinter den irdischen Wünschen. Die Entsiegelung der Netzachkräfte in der linken Hüfte, vermittelt uns, bei Mentalwanderung, die schnelle Kontaktaufnahme mit den Engeln der Venussphäre, die uns das tiefste Glück bereiten können.

e. Die Sephirah Tiphereth liegt nach aller mystischen Tradition im Solarplexus, zwischen der Brust und dem Unterleib. Im Sonnengeflecht wird die strahlende Sonne vorgestellt, in ihrem Glanz und goldenem Schimmer. Ihre Wärme soll im Bauch und fortschreitend im ganzen Körper gespürt werden. In dieser ihrer Vorstellung wird der Name Eloah va Daath interniert. Nach siebenmaliger Anrufung Gottes, rufen wir den Namen des Erzengels Raphael, auch wieder siebenmal.

Raphael wird mit langem goldfarbenem Haar vorgestellt. Er hat eine goldfarbene strahlende Tunika an und in der rechten Hand hält er ein Schwert mit der Spitze nach unten. In der Linken hält er einen goldenen Kelch, als ob er uns einen Trunk anbieten wollte, der uns von den restlichen Anhaftungen an die Welt freimachen und die vollkommene Gesundheit verleihen möchte.

Wie bei allen bereits geschilderten Übungen, geht es auch hier um das Ziel, die sephirotischen Kräfte in uns zu erwecken. Aus Unwissen über ihren Besitz haben wir sie vernachlässigt und verdrängt. Bei Tiphereth sind es vor allem die Kräfte der Heilung, die, bei der sich vollziehenden Umwandlung, zum göttlichen Menschen freigesetzt werden.

Das Wort Tiphereth bedeutet im Hebräischen Schönheit, die sich im traditionellen Verständnis in harmonischen Proportionen ausdrückt. Der Schönheitsbereich bezieht sich auf die fortschreitende Wiederherstellung der metaphysischen und moralischen Ordnung in unserem Wesen. Der Heilungsprozess, der im Sonnensystem von Tipheret entsteht, korrigiert die Ausrichtung aller in uns wirkenden Lebenskräfte, auf die ursprünglichen Ziele unseres Wesens – auf Gott in uns.

Auf Grund der sich im Tiphereth intensivierenden Wahrnehmungsfähigkeit, empfangen wir Visionen übersinnlicher Welten. Tiphereth vermittelt uns damit auch die Fähigkeit von mentalem Wandern, freundschaftliche Kontakte mit den Sonnenengeln zu knüpfen.

f. Die Sephirah Geburah besitzt ihren heiligen Tempel in der rechten Schulter. Visualisiert wird eine Farblichtkugel im strahlendem Rot, gefleckt mit schwarz. Der Erzengel Kamael wird in scharlachroter Legionärsrüstung dargestellt, mit einem erhobenen Schwert in der Hand, bereit jederzeit zuzuschlagen. Auf einem Streitwagen steht der Gott der Kriege bereit, jederzeit auszurücken. In uns ist Geburah der Tempel der Gerechtigkeit und der Bestrafungsort aller Vergehen gegen sie. Gleichzeitig schützt Geburah uns mit dem Schwert vor allen

Ungerechtigkeiten. Kamael schlägt mit dem Schwert auch dann zu, wenn wir uns einer strafbaren Tat schuldig gemacht hätten.

Im Zeitalter der Zusammenbrüche und Neurosen, der Überempfindlichkeit und Mutlosigkeit, bleibt Geburah der Ort der Entschlossenheit, des Mutes und der Stärke. Geburah ist unsere mächtige Hand, die uns auf dem Weg der Disziplin vor dem Nachgeben und den Schwächen bewahrt. Der Gottesname Elohim Gibbor steht für eine Macht in uns, die das Böse bezwingt. Die Meditation auf seinen Tempel lässt uns zunehmend an seiner Kraft beteiligt sein und die Schwächen unserer Natur auflösen.

g. Die Sephirah Chesed befindet sich in der linken Schulter und wird als strahlende Lichtkugel in Azurblau visualisiert. In ihr thront ein königlicher Gesetzgeber – Gott El. Wer sein Bewusstsein mit Gott El vereinigt, ist vom Rad des Schicksals befreit. Ihm wird nichts mehr aufgedrängt, er steht über allen Zwängen. Der Erzengel Tsadkiel, dargestellt in einer langen, leuchtend blauen Tunika, ist unser wichtigster Beschützer und Berater. Alle diese Merkmale sollen von unserer Vorstellungskraft, in der linken Schulter für das innere Auge sichtbar gemacht werden. Dort befindet sich auch der Tempel, in dem wir mit Gott El – der ein Teilaspekt von uns ist – Gespräche führen zu können. El verlangt von uns den Verzicht auf Bequemlichkeit und erweckt die bedingungslose Hingabe an unsere göttliche Lebensführung. Er lässt auch Barmherzigkeit und Güte in uns entstehen. Während der Meditation in seinem Tempel werden wir mit allen göttlichen Wesen verbunden.

h. Die Sephirah Binah_hat in der rechten Kopfhälfte ihren Tempel in uns. Ihr Gottesname ist Elohim und der Erzengel heißt Tsaphkiel. Die Farblichtkugel erscheint in dunkelviolett bis schwarz. Ihre Engel gehören zu den höchsten Richtern im Universum. Binah wird die höchste Mutter genannt, weil sie dem, aus Chockmah ausströmendem Leben, die erste Form gibt, die erste Organisation in Richtung Stabilität. In ihr finden wir alle unsere Vergehen, alle unerlösten Schulden, und die dafür vorgesehenen Strafen. Von diesem Ort aus, lenken die richterlichen Engel unsere Schicksalswege in der Welt. Auch das Schrecklichste, was uns im Leben begegnen mag, ist die Folge eigener Taten. Hier erfahren wir den Unwert unserer Leichtsinnigkeit und Verantwortungslosigkeit, unserer Gier nach vergänglichen Unwerten. Durch das Böse, das uns als Strafe auf dem Lebensweg entgegentritt, empfangen wir die Gnade des richterlichen Sehens und des gerechten Handelns. Die Erfahrungen, die wir im Tempel von Binah empfangen, warnen uns vor dem Sinnverlust im Leben. Wir stehen unter ihrer bitteren Erziehung überall dort, wo uns die Gewalt der Triebe bewegt.

In Folge unserer wiederholten Visualisierungen wird sich durch die völlige Akzeptanz ihres Waltens und Erziehens, die Einheit des Denkens mit ihrem Amt zeigen. Sie tut alles zu unserem Guten.

i. Die Sephirah Chockmah befindet sich in der linken Kopfhälfte in Form von einer Lichtkugel, die in Weiß, Rot und Gelb opalisierend strahlt. Das aus ihr ausströmende Licht, empfängt sie von Kether. Chockmah zeichnet auch alle Verdienste auf, all das Gute an unseren

Taten und Intentionen. Hier ruhen die Guthaben all unserer Leben aufbewahrt und von hier aus verwirklicht sich auch das Gute in unserem Leben.

Im Tempel von Chockmah finden die Einweihungen in die Weisheit statt. Der Erzengel Raziel, der lauter Güte und Barmherzigkeit ausströmt, zieht uns leicht auf die Seite der Weisheit, Güte und Gottvertrauen. Wer sich im Tempel von Chockmah oft meditierend aufhält, wird zum vollkommenen Weisen.

j. Die Sephirah Kether befindet sich über dem Schädel und nimmt die Form einer überirdischen Sonne an, die aus reinem Glanz besteht. Sie bildet das innigste Zentrum unseres Wesens – den unzerstörbaren Feuerfunken, unser ewiges Selbst.

Kether manifestiert sich aus dem Nichts. Sie ist die reine Existenz. Ihr Name Ehyeh – Ich bin – ist auch unser Name. Er drückt die Art der göttlichen Existenzform aus. Er sagt uns, dass wir aus unserem Wesen heraus existieren, dass es niemals eine Zeit gegeben hat und auch niemals eine geben wird, wo wir nicht wären oder nicht werden, weil das Sein – die Existenz – von unserem eigenen Wesen getragen ist. Vom Wesen her sind wir die Existierenden. Eine Trennung zwischen unserem Wesen und unserer Existenz ist nicht vorstellbar. Niemandem verdanken wir die Existenz, alleine nur uns selbst. Als das Selbst stehen wir über jedem Zeitfluss und kein Werden oder Vergehen kann uns berühren. Wir sind Kraft, Macht und Energie, die wir ständig ausstrahlen und die von unseren höheren Körpern in die erschaffenen Welten einmündet. Keine Makel und kein Schatten aus den unteren Regionen unseres Wesens kann uns jemals erreichen.

Die Visualisierung von unserem Kether über dem Kopf (ca. 20 cm über dem Schädel) führt mit der Zeit zur Verlagerung der Identität des Ichs auf das ewige Selbst.

Dass der Körper ein Tempel Gottes ist, wussten die Menschen nicht erst seit Paulus. Dieses Wissen war bereits im Frühling der menschlichen Rasse bekannt. Die Kabbala sagt aus, dass wir Gottmenschen sind, Söhne und Töchter des Allmächtigen. Zur Erweckung von diesem Erbe will uns die Kabbala in Zeiten des Untergangs alter Traditionen hinführen. Wie die Engel, sollen wir im eigenen Glanz erscheinen, strahlen wie die Sonne am Himmel und alle Wunder vollbringen. Wir sind mehr als die höchsten Fürsten der Engelscharen und dürfen nicht, wie die Söhne und Töchter der Finsternis leben. Das kleine reizbare Ich darf uns den Ausblick auf unsere Gottnatur nicht verdunkeln. Diesen dunklen Schatten wollen wir durch Erweckung der Sephiroh, aus unserem Wesen für immer entlassen.

Register der Engelsiegel

4-Itumo

3-Orudu

7-Oriman

11-Isaphil

12-Amue

13 - Aposto

17-Mentifil

19-Orova

20 - Idurah

25-Morech
1° ♈

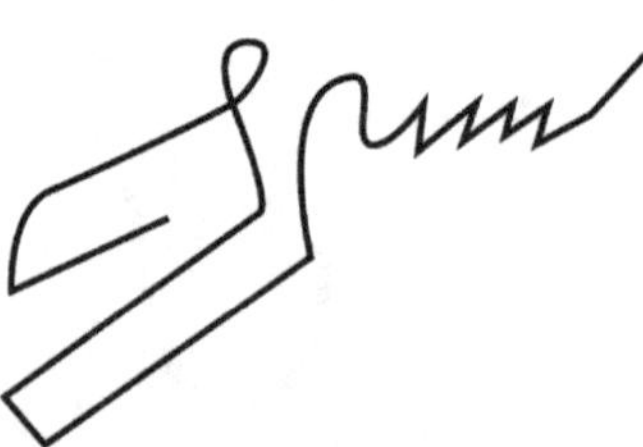

54-Calacha
30° ♈

79-Camarion
23° ♉

182-Alpaso
8° ♍

183-Kirek
9° ♍

188- Karasa
14° ♍

200-Hyrmiua
26° ♍

203- Notiser
29° ♍

208- Nogah
4° ♎

228- Istaroth
24° ♎

238-Adae
4° ♏

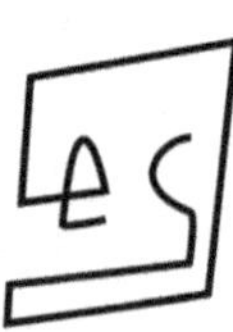

241-Ugefor
7° ♏

242-Amillee
8° ♏

257-Sipillipis
23° ♏

270-Geriola
6° ♐

273-Namalon
9° ♐

284-Echagi
20° ♐

298-Trapi
4° ♑

317-Lotifar
23° ♑

373-Nearah
19° ♓

9-Emzhebyp

10-Emnymar

H F

AFGFKA

5-Mahasiah
21°-25° ♈

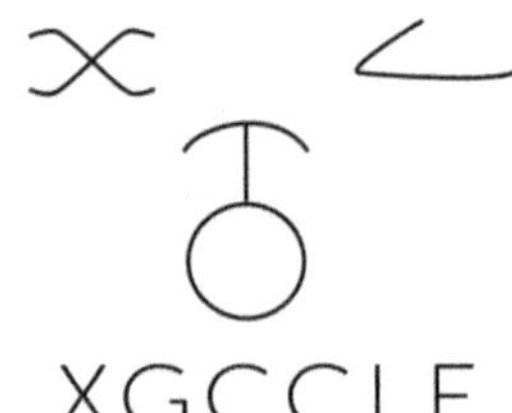

10-Aladiah
46°-50°, 16°-20° ♉

13-Jezalel
61°-65°, 1°-5° ♊

XUTFA

19-Leuviah
91°-95°, 1°-5° ♋

30-Omael
146°-159°, 26°-30° ♌

44-Jelahiah
216°-220°, 6°-10° ♏

27-Ecdulon
3° ♈

28-Lurchi
4° ♈

29-Aspadit
5° ♈

30-Nascela
6° ♈

46-Bekaro
22° ♈

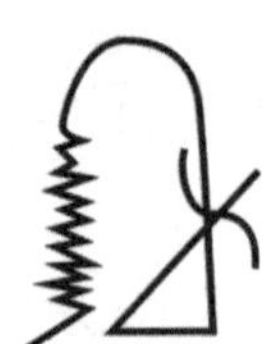

58-Faluna
4° ♉

68-Pafessa
14° ♉

106-Eneki
22° ♊

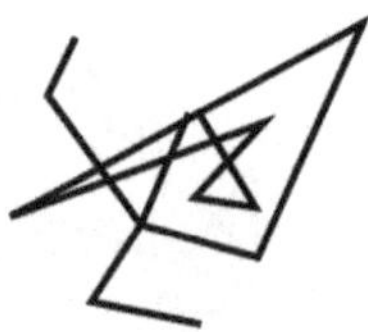

119-Emfalion
5° ♋

166-Abbetira
22° ♌

185-Yraganon
11° ♍

195-Iserag
21° ♍

198- Naniroa
24° ♍

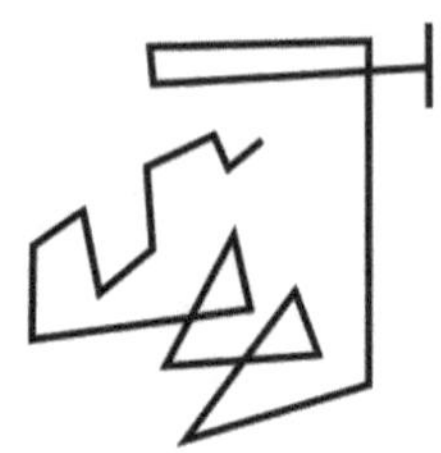

255- Kofan
21° ♏

286- Hillaro
22° ♐

290- Gezero
26° ♐

321- Kiliosa
27° ♑

329- Asturel
5° ♒

346- Altono
22° ♒

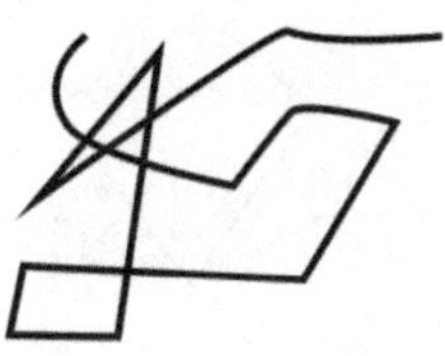

360- Alagill
6° ♓

364- Siria
10° ♓

5- Amzhere

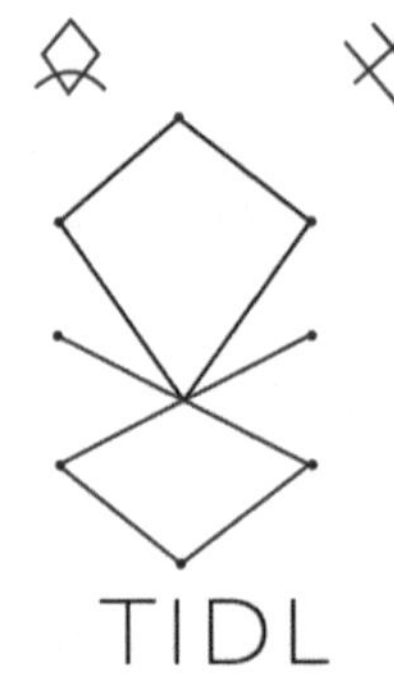

TIDL

16- Hakamiah
76°-80°, 16°-20° ♊

STUSA

22- Jeiaiel
106°-110°, 16°-20° ♋

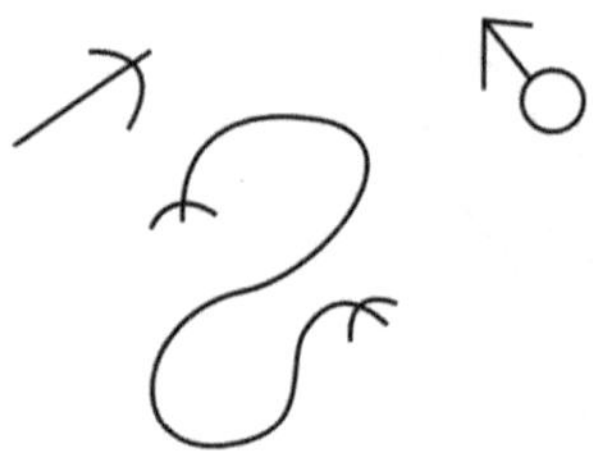

AFHPK

26-Haaiah
126°130°, 6°-10° ♌

28-Seeiah
136°140°, 16°-20° ♌

34- Lehahiah
166°-170°, 16°-20° ♋

Der kabbalistische Lebensbaum

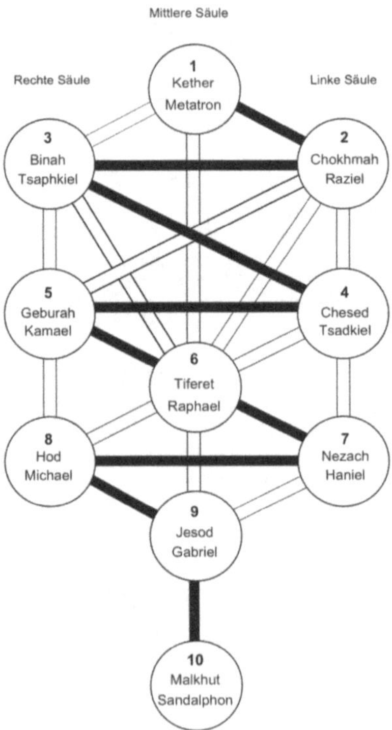

Die Sephiroh und Erzengel im Lebensbaum

Bibliographie

N. Altman: „Der Zauberkreis der Devas"; Scherz-Verlag 1997 by N. Altman

Bäzner: „Die Naturgeister"; Theosophischer Kulturverlag 1924

Bardon F.: „Der Schlüssel zur wahren Kabbalah"; Freiburg Bauer-Verlag 1957

Bardon F.: „Die Praxis der magischen Evokation"; Freiburg H. Bauer-Verlag 1956

Benedikt H. E.: „Die Kabbala Band I und II"; Bauer-Verlag Freiburg 1988

Bietenhard H.: „Die himmlische Welt im Urchristentum und Spätjudentum"; Tübingen 1951

Daniélon J.: „Les anges et leurs Mission"; Chevetogne 1952

Freudenberg F.: „Paracelsus und Fludd"; H. Barsdors-Verlag Berlin 1918

Giovetti P.: „Engel"; Ariston-Verlag Genf 1991

Von Gelder D.: „Im Reich der Naturgeister" Aquamarin-Verlag 1986

Melville F.: „Engel"; Bassermann-Verlag 2003 Berlin

Newhouse F. A.: „Engel und Devas"; Aquamarin-Verlag 1984

Newhouse F. A.: „Lichtwesen"; Aquamarin-Verlag 1984

Peterson E.: „Das Buch von den Engeln"; Münschen 1955

Roads M. J.: „Im Reich des Pan"; Ansata-Verlag 1990

Smith R. C.: „Schutzengel und Heilengel"; Aquamarin-Verlag 1995

Spiesberger K.: „Unsichtbare Helferkräfte“; H. Bauer-Verlag Freiburg 1959
Spiesberger K.: „Naturgeister“; R. Schikoswski-Verlag Berlin 1978
Tavard G.: „Die Engel“; Freiburg 1968
Wenberg E.: „Ein Plädoyer für die Engel“; 3. Auflage 1997 H. Bauer-Verlag Freiburg
Winkelhofer A.: „Die Welt der Engel“; Ettal 1958
Ziegler M.: „Engel und Dämonen im Lichte der Bibel mit Einschluss des außerkanonischen Schrifttums; Zürich 1957

Zeitfracht Medien GmbH
Ferdinand-Jühlke-Straße 7
99095 Erfurt, Deutschland
produktsicherheit@kolibri360.de